日知日录

三

端木蕻良 著

沈阳出版发行集团
沈阳出版社

日知日録第五

日知日录　第五册

日知日録第五

曹京平

劉向新序卷二

王曰：隱固寡人之所願也，試一行之，言未卒，忽然不見矣。

攷证曰：言未卒忽然不見，七字有誤，上隱謂隱語，非不見之謂也。新序誤又同。劉知幾史通云：宿瘤隱形于齊王而作后，則所見本已誤矣，其屬之于宿瘤，又讀此，不熟也。若井彪曰試一行之下，疑當有無益隱語之對，蓋此脫誤，否則下文立發隱書，退而惟之，又不以隱對等句不允當。驪案忽然不見，卒而歸去也，非隱形，下文可以見。

這裏文字沒有脫誤。武井驥說的忽然不見，猝然而歸去也，這注释很對，但他也不能斷定文字是否有脫誤。我以為沒有。無隱當時並沒有說什么隱語，但他是用行動来隱示的，语未卒忽然不見是谜面，殆哉殆哉是谜底。因為是用行动来设隱，所以隱書不載。明日召而問之，又不以隱对，這個又字表示得很清楚，证明昨天無鹽也未以隱对。前人以無益必有隱中語，不見於書，於是疑心文字必有脱誤，祇固於隱必以語的想，而不知也可以動作或其他方法出之。明日復更召而問之，又不以隱對，但揚目銜齒，舉手拊肘（列女傳作膝）曰："殆哉，殆哉，殆哉！"這也是用動作設隱，揚目銜齒，舉手拊肘，作殆哉之狀耳。

由此證之，文無錯簡。

卷二、秦策武王謂

甘茂曰："寡人欲容車至周室者，其道乎韓之宜陽。"欲使甘茂伐韓，令向壽輔行，取宜陽，以通道至周室。這裡的尊作動詞用，乎是語尾变作語助詞。這裡的道字和通是同義字，如用通則不必有乎字，古語有語助詞的多是動詞語尾的变化而来的，可證古語有多音字，如於越即越字，於字發音也。於越是按原来發音来寫下的，越是按字面来寫下的。

又據顔氏家训韋宓古作虙，音呼，作宓譌。伏生即虙之後

又扁鵲……立有閻诂以為立為层之误层古居字。

但下文 居十日，居五日，同在一文中，何以不误，蓋此

立字亦不爲誤，蓋指扁鵲立而視之，即能斷其病，並且是偶然發現者，是立字無誤。如改爲居有間，則仿彿扁鵲專爲病來者矣，

魏文侯明年東陽上計，錢布十倍，是魏已以錢爲幣。

楚莊王蒞政三年不治而好隱戲。畢元曰案讔度辭也。〔按〕隱即隱語。

又卜相高誘曰卜擇也

曹劌標劍而去，公羊作摽，何休曰標辟也。……乃標劍置地，與桓公相去離。〔按〕標亦可釋爲，曹

劌要盟之後，遂將劍插在地上揚長而去。表示自己是不怕死的。

鄭伯肉袒，肉袒是。鄭伯以丧禮自居，因祖宗廟食都已丧失，所以以丧禮自居。

金玉是賤，人為宝，中國古代便注意到人，麥丘老者實在了不起。

「吾皀須耶？」或謂吾當作里〔按〕吾字未錯，昂首曰「爭吾之皀須乎？」含有疑惑的口氣，意甚不敢再見也。

卷六不移而具，即庖厨伎樂到處皆具，止某

邢昺具之不必移前者至也。

卷七 請魯君請於柳下惠，上一請字不衍，是使人請魯君請於柳下惠，以為折中也。先柳明知其贋而固以為真，請受之。後來經過說詞，魯乃以真岑鼎往。

摶黍 就是米團子。

卷九 行李之往來 杜預，行李，使人，通聘問者。

武井驥按又作行理，賈逵曰，理，吏也，小行人也。李理通用，通雅咍泊（邑）編偏辨之

楚平王殺伍子胥之父，子胥出亡，挾弓干闔閭

大之，甚勇之。武井驥案有脫簡，宜从公羊。皆■無脫簡，蓋子胥干闔閭之後，而使闔閭成其大，甚其勇也。因為這樣，為是闔閭而欲與師伐楚。由為是二字可斷，文意本相屬，且覺（叙）公羊為順。係臣束子，史作係脛束手，尤存古字繫（綏）、字之（本）意。以攻罷秦，是罷意為疲。

卷十 南陽守齮保宛城，堅守不下。上守字為名詞不行。如指上句至南陽守戰，亦非是。此言至南陽一守一攻，言攻城戰，故曰守戰。

暗噁叱咤，漢書作意烏猝嗟，是紀漢音。

令謫過卒，史作令適過卒，顏師古曰適讀曰謫是其意。過字不衍，乃加強語意之謂。

張良不主張立三秦之後，與酈食其看法相反，是有時代的眼光，是具有人民的看法的。張良是韓人，從劉邦滅秦，也是為了報國仇。但功成之後，不提立韓的後代，也是具有時代的眼光。他們雖然剝奪了農民的果實，但比起秦來，是進步的。

天下黔首。約要之民。斷句不對，首處不斷句。

約要之民，就是被約束逼迫之民，指征戍之民。

積木為寨，漢書作樹榆為塞，其實為兩事，一舉其城寨，一舉其主要邊塞也。

韓詩外傳卷一

曾子仕於莒得粟三秉。作秉是，作乘非。言其少也。

韓詩外傳其實即孔子所說的詩可以言對時的設詞，劉向新序裏面，也常常以這種設詞來總結一些故實。比如新序，裏面也有引書作結的，也有引易作結的，都不能說它是解易的或解書的，韓詩外傳所記就是這種設詞的輯集，但他主觀上常要使它達到釋詩的目的，因之比起劉向就更牽強，（因為劉向不以解詩為目的）而且常鬧笑話，如漢有遊女不可求思，和普天之下莫非無王土，都是不能自圓其說，反而露出馬腳來，塌了孔子和子貢的台。但從這裏可以看出戰國時代用詩來總結或設喻一些事情，倒是真的。比如他有時為一句詩，而用兩件或件事來說，更可以看出它是說詩的雜書。

汲古本靜女其妹俟我於牆偶，偶应作隅。

卷二草木根荄淺未必撅也，此荄字是亥之本義。

卷三用賢鄙則十二發可不作充分的代表儒家的

善良的願望，但祇是願望而已。

於是東野有以九九見者猶言於是東野鄙人有以九九見者。九九知數者也，非人名，由下以鄙人稱之可知。又曰夫九九薄能耳，蓋知積數者也。

舜東夷之人也 文王西夷之人也

卷四 故駟馬之家不恃雞豚之息，伐冰之家不圖牛羊之入。伐冰与駟馬对举，豪門也。

管仲曰："所謂天非蒼蒼莽莽之天也，王者以百姓為天。"

詩曰："民之無良，相怨一方。"下以"不愛而利，子或殺父，而況天下乎。"是把良當作良心來解釋的。這裏的似應和

「量」同義，意思是說，「誰優民沒個衡量呢」，責吧，一方都在埋怨着！」

鄘語曰：「厲憐王，此不恭之語也……由此觀之，厲雖憐王可也。」因為賦曰：「……」是蓋當時流行之之賦，非作者為之賦也。

僞詐不可以長，空虛不可守，朽木不可雕，情忘不可久。

卷六 夫蓺冬至必彫

鄭伯肉袒，「肉袒」亦作「肉衵」，新序是。「寡人無良」，良亦量義，下文「邊陲之臣以干大禍」，即言不自量也。

卷七 趙王使人於楚鼓瑟而遺之曰慎勿失吾言

使者受令伏而不起曰大王鼓瑟未嘗若今日之悲也王曰調「接」調与悲不相聞，所答非所問。全文意和引詩曰：「征夫捷捷，安能隸及」也不相聞。

「可謂子矣」，下文「可謂能武矣」，「子」与「能武」為對文。這是「子」的本義，是文儒的意思，一般都以子為尊稱。實在從趣之義。

驥罷臨軍，「罷」就是疲的意思。

五穀不升，謂之「大侵」。奏疏有「五穀未登，道無飢人」之語，升与登同義。

梁山崩，壅河三日不流，壅初義當為壅河之壅。

昨日何生，今日何成，必念歸厚，必念治生，日慎一日，日完以全城。詩曰：我日斯邁，而月斯征，夙興夜寐，無忝爾所生。

卷九　喪家之狗，不徒言其飢，乃摹其顛頓望無之之意，「欲絕之」之意。故孔子曰：不敢當之。

雉乎五步一啄，終日乃飽，羽毛悅澤，光照於日，奮翼爭鳴，聲響於陵澤。

布衣縿表，以縿衣於布之外。

「殷監不遠」，監為鑑之初字。

容齋洪氏言藝文志有韓家詩經、韓故、內傳、外傳韓詩五書今惟存外傳十卷。

毛子晉識曰：韓詩內傳專解詩家三昧……陳氏謂多載雜說，疑非當年本書，此本殆作解爭矣，予家藏宋刻与容齋隨筆相符，因録其跋语于前。

〔按〕韓本与新序相合者甚多，劉向多發古籍，而采韓說獨多，想来是很重視這部書的。要是不從詩家三昧来看這部書，但从故實方面和引詩設詞方面来估計這書，是很有價值的。

德即得字之譌。

雙劍誃殷契駢枝三編 附古文雜釋

于省吾

釋云

契文作云𠃌云亏，商承祚釋旬（類編九、三）。唐蘭云，商釋旬非誤，卜辭或作𠃌或作云者，字形衍變，時代有先後也。按契文云与旬有別。唐以三云六云為三旬六旬誤矣，以云為說文之古文云是也。六云四云三云謂云之色也。帝云謂天上之雲也。酒三嗇云，嗇即嗇，应讀為色，嗇与色為双声疊韻字，三嗇云謂三色之云也。各云言來言酒，乃祀云之典禮。

【按】云与旬為二字是也。旬从甲，下6形示十日一周也，甲為第一日，故以甲始，周之十日為旬，蓋夏殷皆以十日周而後始，三旬得一月之數，生男子以日名，故有上甲、中甲、下甲之分也。生女子以月名，故有女壬女己、女丑、女魚、女長、女未之分也。云字二象，下以乚狀之。實為二字，不可混為一談。

又霝並通采，不通色。釋霝

契文[illegible]字亦作[illegible]形 羅振玉以為申 [illegible] 葉玉森釋雹 鉤沉 郭某乃虹字。按三氏說並非。說文霝之古文作[illegible]，戴侗謂說文[illegible]即畾之省，按戴說是也。如纍之作[illegible]，壘之作[illegible]，是其證。

申即電之初文，雷音靁之形，其从點者，象雨滴，靁之声無可象，加點形以别於申，本為會意字，其从ㄖ者与从點義同，其从口者乃变譌，其从田者金文篆乳为畾，因而譌为从申畾声之形声字。

釋大夒⿱辛隹

契文大夒⿱辛隹習見，夒字作[illegible]形。葉玉森釋雷，按契栔字文取象作[illegible]，箕从又，夒当即振字，為会義字，朱駿声谓说文振字假借为聚，史記樂毅傳，夫齊霸國之餘業，而最勝之遺事也，王念孫云，最當為冣字之误也。冣与驟同，又云，冣古聚字，周官歡溪法趙篆之節、釋文、篆本亦作驟驟聚取三字古声並相近。按王說是也。大夒亲佳即大驟風〔按〕此說甚是。乃梨文占風暴之詞。〔按〕

釋昌

契文昌字作日日日日等形 昌旦同字旦从丁声。待攷。

釋四方

方為殷代之方國，契文称方及方人者習見，四巫即東巫南巫西巫北巫，四方謂東方南方西方北方也。

釋邑方

契文吕方習見，亦省稱吕，吕字作吕形，吕 孫詒讓釋昌（舉例上卅一），葉玉森釋苦（鉤沉二）。林義光云：吕古𠙴篆或作塊，塊從鬼爲聲，是古与鬼同音。此吕方字從改易，所以變爲鬼方也。又云，土方亦即鬼方者，土字作Ω，象土塊形，故古字可以土爲之（國學叢編一、二、鬼方黎國並見卜辭說）。林釋𠙴讀爲鬼是也。而誤以吕与甚、吉、古、土、苦字牵混爲一，故研契者多未之信。嘗謂吕象工在口中，爲从口工聲是也，而以爲邛之本名則誤

釋兆

契文𠧞字亦作𠧞𠧞𠧞𠧞等形，羅振玉云，从水从兆，兆亦声，其从卜者，水省也。此當是水兆曰汭之汭，今从内声者，殆後起字也。按考中十王國維云，水北曰汭，僅見尚書偽孔傳，毛傳云，芮水涯也，鄭云，汭之言内也。許云，汭水相入也。無水北之説。按當為兆之初文。兆為洮及逃之本字，後世作洮，左增水旁，因用各有當，猶永為游泳，後增水作泳。益為盈溢，後增水作溢，是其例也。今作逃為後起字。莊子天下兆于變化，釋文，兆本或作逃。廣雅釋詁，逃兆避也，是兆逃古通用。契文言方兆，未知所指，其言東兆南兆西兆北兆，疑係就大邑商之四面言之。

【按】若是這個說法是對的，則文字的制作，在契文之前，还有文字，文字最初制造，是不是也是泥板書，从陶文来証明，是很有可能的，但中國一直沒有發現過，現在發現的陶文，都不太古。中古传說的科斗文，很有泥板書的嫌疑，水渚乾涸，科斗常乾涸在泥上，或古文見過這種泥板書，而以科斗来形容它，所以流传下科斗文字的說法，也有可能，

釋河羙

河當為曹圉（根圉），羙當為冥，姑存其說。

釋上乙下乙

胡厚宣謂下乙即祖乙，又謂卜辭中大乙凡三十五見，皆武丁時所補卜。陳夢家謂下乙為下末之下。按自湯起至武丁以前，名乙者有三，曰大乙，曰祖乙，曰小乙。以時期言，祖乙在上，而小乙在下，故祖乙又稱上乙，小乙又稱下乙。是小乙之稱係對大乙而言，下乙之稱，係對上乙而言。然則上乙即祖乙，下乙即小乙，斷可識矣。契文又稱祖乙曰中宗，曰中宗且乙，古本竹書紀年乐稱祖乙為中宗，古文中卓有別，中宗者仲宗也。以祖乙在大乙之次也。今本竹書紀年注，祖乙之世，商道復興，廟為中宗，此与契文稱中宗之義不符。史記殷本紀以太甲為太宗，武丁為高宗，此乃宋初所擬殷世之廟號，契文無此稱謂。而乙亦稱小祖乙，又稱為毓且乙，是小乙之稱謂有四，一曰小乙，二曰小且乙，三曰毓且乙，四曰下乙，均一人之异稱也。

釋米

栔文米作𠀁，金文如粱稻糕菁从米之字亦如是作，

小篆中畫直貫，已失初形。契文朿字間作米，与米字

有別。登米、系米均謂祭時獻米也。 王米于以且乙，王

米于囧以且乙。囧為祭名。栔文亦作盥，通盟。盟要

鬼神之謂。米弜𢼸彌通，安也。其言以于囧米，謂于

囧盥弜，其言王米于以且乙，以慈誒台，訓我之，言王弜

祀于我之祖乙，其言王米于囧以且乙者，言王盟于我之且乙，

中間省去介詞于字，乃契文之常例也。

釋褑

契文褑字習見，作[illegible][illegible][illegible][illegible]等形，葉玉森釋衲，集釋四一一、不可據。褑字从[illegible]，即古升字，金文升字，友毁作[illegible]，秦公毁作[illegible]、金文斗字作[illegible][illegible]，然升斗二字在偏旁中每相混，子禾子釜䉽作𥹉，司料盆蓋料作𥹉者均从升，然則稱字从升作夅与作夅無別也。

【按】此乃關係不淺，由之可以知道殷世已有升斗勺之分，關乎量器之制。

釋鬳

契文鬳字作□若形，羅振玉云，象兩手薦牲首於其上，案周禮夏官小子職，掌珥於社稷，鄭司農曰，珥社稷以牲頭祭也。又羊人，祭祀割羊牲登其首，觀此字知升首之祭殷已然矣。殷契六八 按羅說是也。惟尚未識其字。鬳即鬳盟之初文。

釋糸

契文言糸，言酌糸，言酌糸品，言糸米。契文言記典曰糸，謂以品物惠屬以交接於神明也，言糸者簡語耳

釋寧四方

契文言寧与安寧之寧同用，此云寧于四方，謂安寧四方之神也。

釋青

豈与穀可言新，牲數無言新之理。按其文其言出南

冎侑穀。

釋矢

前一、三、四、貞小母矢妾，矢陳也。卜辭稱矢妾中謂陳列妾奴以祭，以人為牲。曰其矢，曰矢者，矢均訓陳牲言之。

釋逆羌

後下九、四，卓氏羌，王于門，姻姻。按門當謂宗廟之南門……周禮大祝，隋釁逆牲，禮記明堂位，君肉袒迎牲於門。（按肉袒應為肉祖，祖無義）……契文言王于南門

或宗門逆羌，此殷禮之足徵者也。

釋先馬

識四九二，口先馬，其每雨。先馬爲導馬也。

釋耶⿱宀耶

契文耶字作，亦作，⿱宀耶作。郭謂古聽聲聖乃一字。耶從口耳會意是也。惟謂當是貞字之異，亦誤。

耶，古聽字，⿱宀耶古廷字，契文以耶爲聽，聞聽治之聽，以⿱宀耶爲廣廷之廷，無省作耶，周人假廷爲⿱宀耶，廷行而⿱宀耶廢矣。

釋必

「按」于釋「必」甚是，但未識此昂棟之初文，象形字，非會意字也。早 𢎘 下一為指示於所號，亦此處為斗之柄，斗柄的聯想關係，本極明顯。左傳昭十二年「君王命剝圭（討上已有之。）以為鍼柲，注「鍼，斧也；柲，柄也」。柲柄為手執的意思，也是由柄的意思引申得來的。論語「毋意毋必」是其義。論語「必也無訟乎」也是執其柄把，使無爭訟之意。總之柲之初意為斗之柄。契文其禐新叁二𢎘一亘于囚

▇▇ 昂 二 ▇ 棟 一亘。

▇▇▇

棟柄同字，「棟，杖也」，莊子天道「天下奮棟而不與之偕」

釋文引司馬曰：「揀，威捞也」。於管子山权篇，「此谓君揀」考其初義，奮揀即競自为揀，不与之偕，是为自为权衡的意思。于解的必为量器，但不知必即秉，即揀，及旨作秉，与秉通。粟十六斛为秉。郭注当十五秉，论语雍也「冉子与之粟五秉」。还以秉为单位 秉必因[illegible]引申为权威[illegible]所以及秉高秘神秘等義遂起。

釋爭

契文第一期貞人名有𡳾字，亦作𡳾𡳾形。胡光炜說文古文考卷上四九 按胡謂敢字待考，釋𡳾为争是也。

由[illegible]而[illegible]而[illegible]而發其遞衍之迹，乃為明墻。〔按〕胡釋从二乂引之是，乂象手形，作[illegible]者乃為繩之端形。

釋𨕖

契文𨕖作[illegible][illegible][illegible][illegible]等形，即今途字，其用法有二：一為道途之途，途若無鬼，鬼為惡忌之義，庫一三五四重鬼与重吉對文，則鬼為不吉明矣。途一作動詞，義為屠戮伐滅，之後為屠。途与屠聲韻並同。从止余聲借為屠。

釋燓

契文燮字作[illegible]、[illegible]等形，釋[illegible]

釋噩

契文噩字異構甚繁，余謂噩字即喪之初文，孟鼎古噩𠂤，即故喪師。契文有兩用，一爲地名，一爲助詞，如喪師喪衆人。

釋雉

佚五、伐衛大雉衆，九二三，受不雉衆，鄴下三八、二，伐逆弗雉
王衆……均應讀為夷。周氏雍氏注，夏日至而夷之，月令注引夏
日至而雉之。爾雅釋詁，雉陳也。樊注，雉夷也。契文雉兒之
雉或作𢒉𢒉从矢从夷一也。〔按〕雉為會意字从矢弋■隹
之意也。

釋阹

菁三，王𡍮逐兕，𡍮甾車馬，𨸏墜王車，子央亦墜。墜字
葉玉森釋隊，說契，董隨，郭隊。釋隧為允。隊為队之

反書帛陸字，亦即說文陸字，契文言子奚亦陸，謂子奚亦隋墜也。

釋⿱内止

契文⿱内止字作⿱内甘⿱内甘形，孫詒讓謂似从内从止，疑遹之省文。契文丙作内，内作内，二字有別，⿱内甘字从内从止，乃⿺辶内之初文，亦如追作⿱自止，逐作⿱豖止，途作⿱余止之比，古文从彳从辵止均示行動之意，每無別，如逆作⿱屰止，徫徫止，遣作⿱𦵔止備⿱備止，此例不備舉。⿱内止即⿺辶内字，亦作衲作遈，俗作退，說文復部也，从彳从日从夊，重文作衲，古文作退，按衲⿱内止並从内聲。玉篇彳部，復之重文作衲，辵部。退兩即止兩，退與啟

⿱雨妻有别，啟⿱雨妻言晴，退則未必晴也。後上六八：乎曰夕⿱雨妻内出，文殘，未識何義，藏一三二·三，戊弗其内出，言弗其退卻也。

釋寑

契文寑字作[illegible]，舊不識，當即寑之初文。左从九，象虫虺形之曲其尾，右從殳，以殳重之，象毆虫虺於室外，九亦声，是会意兼形声也。

釋工

工巫也

釋甾

𠙴象人踣於坎中，即臽字。坎在側與在下一也，猶佃之作㑷缶作臽，其坎較淺者，陷人非如陷獸之深也。藏五九、三有𡿪字，隸定應作𡚒，象陷人于坎而用杵以舂之。藏一七一、三，丞字作𡿪，象兩手拯人於坎中，金文文戊觚有𠙴字，象人陷於坎中，與𠙴自係同字，均為臽字之初文。滔稻口罌，滔字从臽作𣴎宗周鐘，臽作𠙴，杜義光謂即臽，从人下象其是，是也。

釋吉

契文吉字早期作吉吉吉等形，晚期作吉吉吉吉吉形。

上象句兵形，下从口為笭盧。〔按〕特大其頭，兜其利之義，無實義。

釋棆

契文棆字作㭢㭢㭢等形，从木俞声，古读为餘，餘今作俞。……弓鎛，"勿或全改"，余作余，乃俞之省，余古读为渝，渝变也。言勿有改变也。……然則契文言無棆，即無渝，言出棆無𡆥者，𡆥古读为害，谓雖有渝變而無患害也。

釋非非𠦪

𤓯即今排字。契文言非非𠦪与往倚言非或非木匪用法同。所契諸家既不識非之初文，遂無由知非𢦏为𤓯排之初文矣。

釋𦉪

前八、七、三、叀右隻𦉪，叀左隻吉，按此二语上下对貞，係卜田獵左右獲之事。叀讀為惠，乃發語詞，㽙為否，与吉為对詞。叀為發語詞可疑，是否㽙字，說文㽙，礙不行也，言█行有礙█右獲㽙，雖行有礙，但左獲吉，姑誌之，待考。

釋𢦔

契文𢦔字作𢦔，亦作𢦔，郭沫若釋伐（通纂八〇）。按乃會意字，施威武以征臣妾，自為得意之舉，故引伸為臧善之義。菁八，王固曰：其隻，其隹丙戌囚，其隹乙𢦔，其義謂其唯丙戌不善而乙日善也。林一·六·九：余𢦔，謂余善也。易師否臧凶之臧，要之，𢦔為臧之初文，臧字加爿為声符，乃後起字。〔按〕有所獲引申為善，非由得意之舉之謂善也。此為臧獲之臧是与藏字有別，藏字从爿，後列二字合形矣。

釋一至十之記數字

郭沫若釋數之起（生）自手，以一二三三为手指之象形也。【按】此說極是，与阿拉伯字起源正同。■至五数各家意見分歧，莫宗一是。于以为最早五作乂，乂与后作乂形有別，此說極有見地。按最早作乂形正象一手之数，繁之者作乂，省即之即为乂，其義至顯，後来才和文午形之乂合为一字，它最初的形象便完全失去了。五之下为六，所以最早的古文六字作入，就是截取五字之下截来剩成的，後始作冂 介 入 等形，此从古化文父全七作 Ψ 个 者，也可得证，个 大加一为七，故七作个，但五以下数字，如不減化，与未造字何異，所以五以下皆以二畫出之，故五以下各字，皆以二畫之变化以出之，非有特殊字義者，如七秦化文又作SE皆無所義，于以說文釋八九為得殊誤。小篆直畫常作斜形，乃使文字規律化的緣故。七仍作十，但小篆字形多狹長，所以折其中畫（竪）十折之即成ち，（就字義未說）其中畫仍然直畫，不為曲形，与後作乚者區別。七字後段桼為之，如桼作漆，而作柒，有作七。今發現漢（日）皆七犹作十。于以為秦篆在漢前反作ち，誤以ち同七之乚，非是。又按数字創制之通例，十字應為空位，中國古代市筹，無〇字，乃以空位示之。

则第二轮的一与第轮的一，为何区别，也只变化出之，第二轮之一即竖书，而筹则竖放，第二轮之应作丨二应作〢，至第三轮，又作一二三，但虚位无位识志，遂移丨以代十，而〇 丅 〢 〣 〤 附，又从以一二三■三起出之，而前有丨（即竖一为之）而不致误，故竖一为十，后则均以点，加殊的特■出的地方，而筹则加一横，筹作十形。

数字是从生活实践里面直接产生的，致祭、獵隻，出征、编记契骨，都离不开它。古文筭字作祘，四六从四横，共为十根筹码的样子，（即五字之一笔书由古文衍变作乂）■俗书，文把三化简为乂，使不得不剩五为㐅，九则作文，实即六加四之合文为文。所以数字的创制，由于生活的实际需要，它的发展是必然的，可以不必假它字而为之。所以说文所释皆误。

释大采小采

大小采就云色为言，殆无可疑，虽与周制朝日夕月之礼无涉，而言色之多少，以大小采为区分，则同于殷，其词与语例，由来尚矣。

释旬

昂说文旬字，谲假先旦。

釋索

續一·十·五，索于大甲，于亦于□祊三牢。金三七五，己亥貞，其索也己亥貞，其索于且乙。金文索諆角，索从索作索。按亦門即柀門，口門即祊門，其言索于大甲于亦于□者，亦与口，即亦门祊门之省語。言用索神之祭於大甲，在亦門及祊門也，蓋不知神之定處，故於亦又於祊也。又按契文有饑饑饑等字，古均从索，以文例觀之，有与索祭用法相近者，存以待攷。

釋夕

夕羊，夕十羊，按夕与来卯並列，均作动词動用，是夕亦为祭法之一，夕应读为昔，字亦作腊焟。

釋巳穷乍

前七·三八·二我其巳穷乍，帝降若，我弓巳穷乍，帝降不若。此与粹一一一三同辞。郭氏以巳为祀省，戬三三、一七弜巳邦侯，莊三、三八弜巳兄，粹五四六弜巳兄，均读为祀，訓若為順，是也。乍作古今字，此应读为我其巳穷乍句，帝降若句，我弓巳穷乍句，帝降不若句，作為也。[按]作字義至顯，不必釋為「為」。我其巳穷作，则帝降（加）顺于我，我勿巳穷作，则帝不加顺于我。「其」为语助词，即我如其……作，则……

我們其勿作，則……。其語法極爲明顯，祇是把動詞"作"放在句後而已。

釋𦣝

契文無𦣝字，而有从𦣝之字，前一・三五・六頤 姬从𦣝作[illegible] 金文季宮父簠姬从𦣝作[illegible]形相彷 鄴三下三九・一 姬从𦣝作[illegible] 按𦣝本象梳比之形，比今通作篦，後世以竹爲之，故說文作⿱竹𦣝

雙劍誃古文雜釋

海城于省吾

釋神褱　金文

伯㦰𣪘、隹用妥綏神褱，按褱乃鬼之借字。

釋齊

齊作文乙盉，齍作个个，舊不識，按即齊字。余所藏齊作父乙壺，齊字蓋作个个，器作令令，尤其顯證矣。〔按〕說甚是。化文齊作[illegible]，省作𠂤艸作𠂤艸（舊釋作芔）𠂤即𠂤之反書，省口作𠂤艸，齊見則但取◇[illegible]，舊釋「文」，亦齊字。

釋西扁東扁

師毀殷：毀，𤔲辟，𤔲我西扁東扁僕馭百工牧臣妾。按扁古偏字，亦即東鄙西鄙。殷虛書契菁華一：土方𢀛于我東鄙，𢦏二邑，𢀛方亦侵我西啚，東啚西啚即東鄙西鄙也。

釋冢司馬

𨔶鼎：命女作𢿱𠂤冢𤔲馬，啻官僕射。按冢字原作冡，說文冢冡，与家迥異，冡冢經傳通作家。毛伯班殷：邦冢君之冢作冡。曶壺：更昨乃且考作冢𤔲土于成周八𠂤，冢作㕯冢𤔲馬之有冢𤔲馬，猶𤔲土之有冢𤔲土矣。

釋楚徒馬

[illegible]毀，楚徒馬，徒昂走（徑典亦作趣），書立政，趣馬小尹，詩十月之交，蹶維趣馬，綿，來朝走馬，朝偶酉周。楚徒馬，言使爲楚地之趣馬也。

釋竟

父乙辛觶有[illegible]，且辛卣作[illegible]，竟鼎作[illegible]……舊不識，按即竟字，上从辛，古文辛辛無別。路史始皇紀注引春秋元命苞，顓帝戴干，是謂崇仁，又高辛紀注引作帝倍戴干，是謂清明，戴（後）移度，蓋象招搖，注云，干楯也，招搖爲大戈，戈楯相副，戴之像見天中以爲表，干或作辛，按作辛是也。［按］竟爲今境竟字，上以頭之極，下以足之極爲竟，故輒以一橫示之。

釋耳

金文早期耳字，己耳卣作□，亞耳鼎作□……𢁥作□，又金文亦作□作□作□作□作□作□作□作□亦作□□皆為釋耳。

釋妦黃

□卣，白懋父賜□白馬妦黃𩠐微，按妦黃𩠐微均係馬名

說文髮之或體作𩠐字，亦見𩠐鐘，髮微未詳為何馬，妦黃即飛黃，

妦从丰聲，飛黃即乘黃

釋鳶

且辛卣有□字，又觶文有□字，舊不識，當即鳶字。

古文偏旁中弋、弌每互作。

釋鼎

栔文鼎字作鼎，金文鼎字多作鼎，其左右四出之斜畫象鼎之兩足。後來鼎字皆作圜足，而字形猶存之。

釋⿰害凡章

大𣪘，大賓豕⿰害凡章。按⿰害凡章即介章。介與割害字通，爾雅釋詁介大也。詩崧高，錫爾介圭，箋圭長尺二寸謂之介，是璋之言介璋，猶圭之言介圭也。

釋聖⿺走袁

井人鐘妄憲憲聖⿺走袁，⿺走袁為袁之繁構，古文越之省作戉是

趩亦讀為爽。免毁：王才周，昧曏，曏即曩，昧曩即昧爽

妄富=聖趩，承上文文祖皇考為言，謂安欣慕其祖考之聖明也。

釋𡣕=

晉邦盦：余雖今小子，敢師井先王秉德𡣕=，𡣕亦讀為秩秩。

𡣕經秩字通也。

釋𨖽之

秦公鐘、秦公毁，並有𨖽=文武之語。孫詒讓：窃疑此字當从

盍省声，即說文趨字之異文。盍聲与曷声古音同部

拾遺。上五 按孫謂𨖽即說文趨字之異文是也。趨=應讀為𨗦=

𨗦=猶藹=也。

釋聖保

克鼎：巠念氏聖保祖師華父，上言穆穆朕文祖師華父，悤嬖氏心，盅靜于猷，盄悊氏德，肆克龏保氏辟龏王，是克務其祖為聖保者，以師華父能恭保厥辟龔王，故云然也。

釋皇

競卣，白屖皇父，競各於官，皇當為嘉美之義。官宫古字通。此言白屖父嘉美競而格于於其宫也。用永皇方身，皇字与皇競之皇用正同。〔按〕皇是動詞。

釋妘

婦姑父乙毁，姑作𡚱，吳榮光釋爲幺女二字合文（筠二九），按即姑。

釋信

述作兄日乙尊有紉字，按即紉信字。

釋訇

薛氏款識，師訇毁之訇字作訇，薛釋諡，鄭釋訇（大系攷釋一三九）並誤，𣪘銶殷毁有訇字，訇即訇之誤橅，訇字从言从旬，錢大昕謂訇即詢于四方之詢，至為卓識。新附考失之，守毁鈞作訇，屢敦毁作訇从金从勹，然則訇之作訇，猶鈞之作訇矣。

釋此

父丁鼎有𡳿字，金文編入於附錄，按从止从匕，即此字，[illegible]

上象足趾，或三或四或五，金文習見，此字此尊作[illegible]，此盉作[illegible]，可互証，至偏旁之部位，左右無別也。

釋𢆶十

十一年鼎有𢆶十字，舊不識，是辭之異文。

釋𤞞

𤞞父丁卣𤞞字作蓋[illegible]，关作[illegible]，舊不識，契文地名有[illegible][illegible]等形，說文𤞞，司空也。

釋𤇾

上象二火，下象交縈之形，故从𤇾之字，均有光明交互縈盛之義也。

釋才

父戊爵有▽字，即才字，契文才字作中亦作▽，中畫通毋古否一也。

釋亘

盥客鼎有㠯字，舊不識，按即亘字。

釋懿

金文懿字，毛伯班毀作𢐗……稍晚則增心作𢐗，唐蘭謂內大子白壺壺字作亞，以證懿字本从壺从欠作歕（尊論下六二）。按唐說是也。象人張口就飲於壺側。按于說是也，但應以穆父鼎作𢐗者列前，較易明耳（多費之形譌）。

釋甘

甘城右戈，甘字作甘，古化甘丹昂邯那。

釋由

匕父丁隮有王占伇田藉㷋之语，占一器作白，乃由之初文，胄字从由作占，契文有占字，唐蘭釋由是也。爾雅釋詁由自也。

〔按〕王國維謂漢簡由作由其三直皆向上，後上由為甾，實與甾異。王謂由即甴，即缶，亦迪。按占似為最初之字形，其非缶非白咱至顯。待攷。

釋龕

[illegible]壽編鐘共器，有龕事朕辟皇王之語，龕一作[illegible]

段玉裁以為佘龍與戡堪字通，爾雅釋詁：戡克也，太玄中：時不克也，注克堪也，然則佘龍事朕辟皇王者，謂克事朕辟皇王也。

釋為

羅振玉謂象以手牽象（增考中六十）惟古文作[illegible]，舊均不得其解。列國時楚盤(?)容鼎，為字作[illegible]，亦作[illegible]，說文古文作[illegible]，即[illegible]之譌也。「按」手說是也。[illegible]祇取象鼻的那部分，省去身形。

釋武

按從為行動，金文作[illegible]，衛字作[illegible]象眾人之圍守城邑，武本義為征伐示威。

釋赤田市

金文赤田市習字見，亦省作田市。雝字契文作[illegible]，金文作[illegible][illegible]，雝字小篆作雝，隸变作雍，以契文雍已合文早期作[illegible]，晚期作[illegible]。雍为中和之義，引申為中和之色。赤雍市昂赤緼市，雍市昂緼市。赤猶朱也，雍謂黄也。赤黄市昂詩斯干箋所谓芾者天子纯朱诸侯黄朱之黄朱也。

釋㠯 鉨文

古鉨有[illegible]、㠯、㠯作八㠯，舊不識，按㠯乃公之異文。𩵋公𣪘作八㠯，[illegible]公壺公作八㠯是其証。

釋黄

古鉨有長黄，黄作[illegible]

釋質

古鉨有孙質，質作貭=，舊不识。按诅楚文質作貭，古鉨易以为二者，即重斤之標識也，柏盤遚字作丝=是其证。

釋巠

古鉨有𢆶=字，舊不识，師湯鼎作𢆶𢆶，縱列橫列一也。

釋遂

古鉨有長遂，遂字作[illegible]，舊不識，当即遂字，乃邍之古文，敦煌本隸古定尚書邍作遂，詩雲漢，寍俾我邍，釋文，邍本亦作遂，易邍釋文，邍字又作遂，漢郑烈碑，遂而不闻，遂即邍字，均其证也。

釋⿰阝金

古鉨有⿰阝金字作⿰阝⿱金口，舊不識，即古陰字，驫羌鐘「羌令于平陰」，平⿰阝金即平陰，从金声与从侌声一也。按古化文平陰作⿰阝全，从金。

釋⿰爿甾

古鉨有⿰爿甾字作⿰爿甾，舊不識，按⿰爿甾即將之古文，毛公鼎作⿰爿甾，虢季子白盤作⿰甾爿字，均从甾爿聲。按今釋壯，二字應通。

釋巸

古鉨有巸豈，巸字作⿰臣巳，舊不識，古熙字也。

釋盧陽化文

古化盧陽之盧作[illegible]等形，舊釋魯，不可據，即盧陽今漁陽。

釋盟

古化有盟邑作[illegible]等形，按盟即鑄字古文，晚周文字鑄客鼎作[illegible]，楚王鼎作[illegible]，楚王酓志鼎作[illegible]是其証

釋坶

古化有有坶字亦作[illegible]，古鉨作[illegible]是其証

釋鬲

又有[illegible]，舊釋宰非是，南姬鬲鬲作[illegible]，化文上多一橫，乃古文常例。

釋[塗黑]⿱宀立

古[塗黑]化有[塗黑][塗黑]⿱宀立字，舊釋室，按字从宀从立，与室迥别，汗簡居作⿸尸立，玉篇尸部亦云⿸尸立古文居，按作屋者乃⿸尸立之形譌，是⿸尸立即居之古文也。

釋䟫

匋刀有有立⿰立虎，昂䟫，亦昂晚，周古文長字，厵羌鐘，長城之長作⿰立長，古璽銘䟫字作⿰立虎，均其證也。古鉨亦有⿰立关字，

釋⿰亻酉

古刀文有⿱竹⿰畐酉二字，亦作⿱竹⿰畐欠⿰亻酉，上釋簞待攷，下即古⿱亼酉字，

金文飲字作⿱亼酉或㱃，惟東周左師飲壺之飲作⿰亻酉是其證。

釋堂

古化有堂十斤，堂作㒰，舊釋當，按其義則是矣，形則未符，說文堂之古文作坣，古鉨坤字作𡊂，坡字作𡌇，土均作𡊅形，則借坣為當者，非本當字也。

釋諂 陶文

陶文有諂字，按即䛐字，从言从次聲一也。陳侯因資錞，資字作𣲺，因資史記作因齊，容庚以資字當說文之齎是也。

釋㣎

𤕌墤有㣎字，亦作㣎，按古文四聲韻上聲二十四緩，㦿字下引古孝經作㣎，古老子作㣎，㣎，義雲章作㣎，然則陶文之

圝邇昂皃字，

釋囟 石叉

獵碣文，舫舟囟逮，囟舊釋西非是，囟应读为斯，斯乃句中语助，師訇𣪘，訇其萬囟年，囟亦应读作斯。

殷虛書契考釋小箋

曰㕣 □ 後編卷下第三十三葉

箋曰：此即説文解字㕣之古文……卜辭㕣从水不从㕣者，猶卜辭从水之字或从巜也……此字从㕣，足證小徐本㕣省声之善，大徐訂列省聲當从㕣省之精。从㕣不省，其為㕣之古文審矣。

曰巫 □ 後編卷下第四葉 □ 鐵雲藏龜第一百四十三葉

第一字从玉事神，从玉者殆為巫之古文。其第二字从玉省作工者，是説文古文㠭字及小傳篆巫字从工之所由出也。

曰燃 □ 前編卷四第二十葉 □ 同上

卜辭[illegible]字羅振玉謂即登字極是，更可証烝字从𢍰得声。

曰𣪊 前編卷一第八頁

𣪊字实为欵之古文，說文：欵意有所欲也，从欠窾省，或作款。

曰奚 [illegible] 前編卷二第四十二葉 [illegible] 前編卷一第三葉

說文：㜎女隸也，第二字當為㜎之初字。

曰𦎧 [illegible] 前編卷三第二十四葉 又卷四第三十四葉

𦎧字宜与亯同。考齐侯匜膳畗作膳畗，尔為段借字，与卜辭正同，知匜中畗𦎧字當讀如畗而不讀純音，以与下句無疆為韻，後二句無期与用之亦為韻也，可証畗𦎧畗非一字矣。

曰喜 喜 前編卷五第十八葉

卜辭曰喜𩝣 王徵君釋喜下一字為飲 說見殷虛文字類編卷三

是也。余謂喜飲之饎即喜是饎之省文按詩甫田田畯至喜

大田田畯至喜鄭箋皆喜讀為饎饎酒食也■尔雅

釋訓饎釋文云舍人本作喜釋云古曰饎集韻饎之重

文亦有食作喜也又聃敦喜帝文王陳簋盂喜帝說即饎禘

省文 說見說文古籀補 其說至塙，亦可与卜辭互証。

曰稷 稷 前編卷三第三十二葉

邪怀按稷即卜辭之祝後世傳寫致譌兄為鬼耶

氏謂兇蓋昂畟之古文未免附會。许君说稷為五穀之

長又说兇者長也，然則稷从兇蓋取禾兇会意知古文稷

字當从兇矣。【按】此仍為十一為士，止戈為武之死灵復起，

卜辭实象口，就是指禾之可食者也。

曰蘆  書契精華

此乃古文蘆字说文無，说文有鄺乃後起字。

曰[糸集]  鉄云藏龟弟三十三葉

此字从糸从[illegible]说文[糸集]字

曰杞  鉄云藏龟弟三十三〇

莫友芝謂此為耜〔耙〕之正字，

曰𦌾 [illegible] 前編卷四第九葉

說𦌾，网主𦌾也。

曰赫 [illegible] 前編卷一第十二及第三十四葉

此即呂公名之[illegible]，段以為赫。

曰爯 [illegible] [illegible]

即古舉字，又卜辭有偁字亦當為舉字。

曰敏 [illegible] [illegible] [illegible]

咕卜辭若作 [illegible] 上之 [illegible] 同古金文若 [illegible] 皆象髮形。

竊意髮盛為每之本意，艸盛其引申誼也。〔按〕這說法極有價值。

曰唻

為栱之本義，正象叉手擂木形。

曰弇  同 簠室殷契類纂 存疑第十四葉  同上

象以冂掩物形 按集韻○收二十二覃收弇字，足證古字皆讀古南切。而大徐及段王諸家於弇字注衣檢切，則未敢信。

曰復  前編

當是从亭省

曰乘 

虢季子白盤王錫乘馬之乘作[illegible]，[illegible]与此同。[illegible]是古櫱字

說文櫱伐木餘也，下出[illegible]文。許君曰：古文櫱从木無頭，卜辭[illegible]字

从大象人乘木上，从米象木無頭形，蓋伐木餘也。〔按〕櫱同蘖

五達反，本又作枿，馬云顛木而肄生曰枿 見尚書注。盤庚上：矧曰其克从先

王之烈，若顛木之有由蘖。」蘖亦作不。矧曰，這是一句成語，

就是說「承祖先之遺烈，使之不墜，若顛仆的木之有由蘖」

一樣，蘖古作不（又作枿），古是象形字，是木加架，以木支木形。

也是使顛木不墜的意思。蘖顛生生芽，如何可以知「克从先烈」相比？

由此可知人在不上，即是人在木架（即今之踋手，横視之如不）

上，此為乘之本誼，後來車乘，乘馬皆由此引申得之。

曰洛 盜

羅振玉釋浴，陳據魯峻碑溫釋溫。

曰澡 沝 湯

羅據說文澡洗手也釋為澡。陳以為从丑說文沑水吏也。應為溫。［按］陳說不可據。世說新語桓 如廁不識澡豆，澡豆蓋供洗手之用，是則古意猶存。

曰濯 羽

羅釋濯。箋曰：敦煌石室唐寫尚書釋文雨古作羽与卜辭之羽極類，當為古文雨字。釋名雨羽也。

曰戔 戈戈

羅釋戩，陳以為古諓字，籀文从二或作𢧵。

曰觸 𧢲

玉篇集韻古文皆作觕，蓋牛角觸人，人以手拒之，其誼乃显。

曰戾 𢦔 龜甲獸骨卷二第四十二葉

箋曰：此字不見說文解字，三體石經尚書君奭殘石癸亥歲洛陽新出土者古文戾作𢦔，與此正同，知為古文戾字也。

曰𣪠

箋曰此即說文龖字，兼省也。段注今字籠字當作此。籠行而龖廢矣。小篆从有，殆以又有通用而然歟？

曰

箋曰此冤字說文冤屈也。

有公宮

箋：卜辭中三言公宮曰乙丑卜在獄天商公宮（前編卷二第三葉）曰邑商公宮衣（書契菁華）曰商公宮（前編卷二第三頁）按儀禮士昏禮女子許嫁笄而禮之稱字祖廟未毀教于公宮三月若祖廟已毀則教於宗室。周之公宮實沿周制．此即郭沫若先生所解之義。

殷之官制，如射有卿事（見前編卷二第二十三葉、前編卷四第二十一葉）

陳曰：江先生永羣經補義卷二云周初官制冢宰

揔百官後来改制揔百官謂之卿事士而宰為虚職故皇父卿士最尊在司徒与宰之上（詩本作家伯維宰，今詩誤作冢宰）平王時鄭桓公武公雖為司徒而實為卿士後以虢公忌父為之卿宰咺渠伯糾宰周公宰孔皆非周初之冢宰也。說春秋者猶以揔宰言之踈矣。卿士秉政殷時已然故卿士惟月在師尹之上周之官制仍改从殷制也。

有元臣 簠室殷契類纂第一葉

卜辭后之元臣，元臣之名位待考。按卜辭有小臣則原臣蓋為大臣。

說文闕義箋

丁山

上部 旁

【按】栔文旁作𠀤或作𠕁。上象房井或▇作𠕁，作井象房之側，作冂象房之▇正面，方音。阿房宮即傍山阿之宮之謂也。書武成「惟一月壬辰旁死魄」孔傳「旁近也」。月二日近死魄。旁皇▇史記房皇。荀子議兵：「旁辟私田之房」四字皆以居處引伸得之。荀子禮論，房皇又作方皇。說文房室在旁也。段注：「凡堂之內，中為正室，左右為旁，所謂東房西房也」。实▇孳為之詞也。皆可

[illegible]

記 旁房京為一字。後明姓処為二字。

㗊部 單

釋單為干，頗有見地，姑志之待攷。

㗊部 器 窾也 北宋刊小字本窾誤作𩫞

先秦文字，無刻定之形，從言之字，可以從口，謨從言古從口作㗊信從文從口作㐰詠從言古從口作咏譜從言或從口作𠯗

𧬈從言齊嗟從口作𧮯等皆是。從口之字，亦可從言。嘖從口或從言作讀，吟從口或從言作訡，訊號季白盤從口作𠹌等是

許叔重造字無以其偏旁不同而分為數字，其分画審，而字之本義愈益可疑。嗸言里与嚣即其例也。朱駿声謂嚣即嚣之異體是已。嚣之本誼

同嘗，嘗宗音郭璞所謂方俗异语也。
邍部 邍 高平之野，人所登，從辵备录，闕。
考古皆通原，周官……釋文原本作邍，司馬邍師掌四方之
地名，辨其丘陵墳衍邍隰之名物，字正作邍……羅振玉石
鼓文考釋謂邍字下从夊，即象字，許書从录，殆由象而譌，是
已。田之下實趣遁字（按，覠手首吾釋文同）由春秋說屬雅之訓
推之，邍蓋备邍之音讀。阮元釋象音曰通貫切。……有像儀隆
起之意……自邍形訛為邍，邍之形義遂不可解。［按］夊無像儀
隆起之意。冂象圈門，夊象豕，豕之喙出圈門乃象之（而此而長其喙作）
本意。後刺為緣，（犹仍）實為刺犯之誼，[illegible] 謂使王曆平也。篆字

字从曷玉為竹，其誼亦有刻琢之意，特著之竹簡耳。遯之誼从趨於廣平之野之謂，緣从彔蓋絲織物之邊緣常刻[illegible]以為飾之謂也。

言部 謚 行之迹也，从言、兮皿，闕。

唐本說文無謚，但有諡。嚴可均曰諡即謚之行艸，校者以行艸為篆體，因改說文之益聲作兮皿闕

𠂈部 𠂈亦丮也，从反爪，闕。

覓与𠂈同字。

𠃨部 𠃨 拖持也，从反丮（小字本作執，誤）闕。

𠃨亦丮之或體也。金文作丮（毛公鼎字偏旁），卜辭[illegible]或作[illegible]。

卜辞㸚字从𠃍作㞢者，有从匸作㞢者，而音读为
戴之明证。
又部叜，老也，从又，从灾，阙。叜，籀文从寸。傁，或从人。
今小徐本无从灾之从与阙字，俞樾以傁为老人之叟，宣十三
年左传曰赵傁在后。……叜籀文亦变又为寸。王国维谓盖从寸
首目之形。
又部叚，借也，阙。𠭖（从小徐，大徐本作𠭖，非）古文叚。𤔵，谭长说如此。
𠬪乃𠬪之变。𠬪，许君作𠬪，云物落上下相付也。九经由字样
叙：从𠬪云受上下相扶持也。叚之从𠬪者，盖取相援之意。厂者
厂之古文也。古文石亦作𠩺，亦可作厂矣。济危拔颠，盖叚

之本誼。

自部 臱 宮不見，闕。

邊自声，下為方，謂為丙，又謂為冎，宮不見義，實妄人

所加，非許君原義。

朩部 朩 相糾，闕，讀若宀。

徑傳魚見，校莫能定。

内部 𪚴 或曰兽名，象形，闕。

能即許君云熊屬足似鹿从肉㠯声之能字也，以周豫才

先生謂𪚴即能之初是已。春秋宣八年戊子夫人熊氏薨，

左氏傳本亦作嬴，左傳云冬十月葬我小君敬嬴，公穀亦

文淵閣南紙店製

融竝作熊。然韵不同，证之釋文，白帖方能知公穀頃熊，熊亦皆能之误。

䖒部⿰䖒𥁕器也，从䖒𥁕，𥁕亦声，阙。

⿰䖒𥁕先秦文字金石中概未之見。

⿰䖒𥁕之与𥁕，殆王筠所谓正義为借義所奪，後人因加偏旁以别之也。凡説文所偁俗体、或体，大抵因时通用之字，犹今通作某某。

入部𡵉，入山之深也。从山从入，阙。疑为陸之古文奇字。

入部 㒳 二入也，兩从此，闕。

㒳部 㒳 再也。从冂，闕。易曰：參天兩地。凡兩之屬皆从㒳兩。

〔按〕丁山謂兩从二幣形，待考。其所引漢玉鉨齋金石圖錄西周大泉，不可據。既使有之，其行亦極不普遍，於何據謂兩之所从出耶。兩之為兩，其道必極簡捷，無須過於迂曲也。蓋以其為生活中所必需物。余以為兩之初字或从二銖。古銖作朱，或作朱，蓋銖則為𣏟，藏而省之，則為𣏟，再變而為㭋，再變而為㒳。如以三銖出之，其形更显：𣏟兩。即古謂錙銖必較，此而為兩也，會意字。林義光前解兩从反丙，實或失之。

夊部 夋，行夋夋也。从夊，阙。读若僕。

盖猶从人从止，八象⺌沙，征塵僕僕是其本義。

木部 某，酸果也。從木從甘，阙。槑，古文某，从口。

〔按〕丁山以為某字孳乳為楳，為槑（梅），梅之孳乳為枏，竇為一字。說甚是。但以析文分果之熟與未熟，再未可从。

甘古誼並非甜意，甘乃口所欲也。梅子爲口腹之所欲也，而梅以誘發口津出名，由來已古，故从之以甘。

木部 栞，槎識也。從木㚘，阙。夏書曰：隨山栞木，讀若刊。

栞，篆文从幵。

栞為篆文，𣓁為古文。凡許書所稱古文，大抵出於孔壁中書。

嚴章福謂秂古文秆也甚信，

木部 ⿱驫木 眾盛皃也，从木，驫声，逸周書曰疑沮事，闕

疑沮事上，应从今本周書文酌備補眾字，蓋眾均驫木之或體也。

東部 二東 曹从此，闕

東此本橐字，重之為𣗥。

禾部 ⿰禾⿰句又 積⿰木⿰句又也，从禾，从又，句声，又者從丑省，一曰木名

⿰木⿰句又与積非後时通行之俗字，昂枳枸古文之別體。

斤部 二斤也，从二斤。

貝部 質 以物相贅，从貝，从所，闕

按丁说未可据。古冶必运斤，而左右双斤轮替以锻。
文質、对質、質椹、質剁之意皆可引申得之。下不从貝，
从鉆，昂得之。

康部 𣑭 木垂华实 木丂丂亦声，凡康之属皆从康。
□从東之𣑭，見于卜辭者有□□諸形，其要也則或
从東作□ □ 古東束蓋一字【按】此書亟是，彡即象
東禾之州绕，与〇□同，蓋象形字。

先部 兟 進也 从二先 贊从此，闕
【按】兟■■■、■■■■ 即古簪字，丁山■ 即吳
大澂说象足拜義，亦可據。兟，古人宴饗皆坐，此实登

表宴饗狀，如宴饗亦作鄉是也。後為進見義，即贊之本字。

卯部

卯，事之制也。从卩、卪。凡卯之屬皆从卯。闕

……惟于鬯戚墨謂卩即厀字，厀下云，脛頭卩也。脛形之訓，寬為移訓此卩字，卩象脛形，亦即脛形之形，卷字云，卷，厀曲也。从卩而訓厀曲，即卩字之義可知。又部𠬝，治

也，从又从卩，实即匍匐之状，匍字从手从𠨧，即伏地之义。……凡尚书節字，初皆作卩，再变作𠃌，为隶古定者乃以卩瑞字译之。卫包又据马融注诸卩，谓受符有卩之训，三易为節，谬以传谬。……以为书古文人谬为節，即考之，卩之为人，盖无疑义。

巽云二卩也。巽下云，事之制也。巽卜辞作巽或𢀸，作揖讓形状，其本义为执二人相从之为𠬝，𠬝后典作從。……巽孳乳为巽。虞书，女能庸命，巽朕位，知巽真直巽之本字而已。

【按】训卩为膝形，甚是，卩古当作卩形，但巽字

（卩亦象人，但此非卪，乃伏服之人）

不从卪，上象人，林義光以为古服字，是其象。又節字亦用

漢隸古者始，古刀幣，即墨即作節墨。説文有此字

實即从二卪字，即今「即」字，事之制也即事之就也之謂耳。

从二卪相合，為事之可就也。从即為後起字，古文為一字。

丁山以為凡許書卪字皆當为人極对。

豕部 豩 二豕也，豳从此，闕。

邑部 邠 周太王国，在右扶風美陽，从邑，分声。豳 美陽亭

即豳也，民俗以夜市，有豳山，从山，从豩，闕。

史记索隐所谓豳郊异字。甚疑郊者汉时新字，古但作豳而已。

豳即燹之讹，讹火为山。燹王盉最先著于长安，获古编，系其出土西至陕西境。燹王之即豳王，豳即燹字篆变之讹也。

戠 關从戈从音

丁山谓戠从戈从直，弋声，即熾盛之本字，又曰卜辞所段戠日，其設日殷契四·四葉 又曰：辛巳卜贞□日□戠其告于父丁後編上·廿九葉 戠日之戠，未識能讀職否？、

弜部 彊也，從二弓，凡弜之屬皆從弜。

丁即王國維以爲即柲之本字。

畕部 畕，比田也。從二田，凡畕之屬皆從畕。

白石神君碑引疆作畺三三 其碑下碑亦但作彊 後篇下第廿二葉

皆從弓從田，吳大澂所謂古者以弓紀步也。疆爲後起字，以弜爲於彊。然于畕若不見于壁中古文，則必許又因畺爲首。

亞部 亞𢀖闕。

丁言爲者有古文亞三字，後人改之，後人又注曰闕。𢀖實琶之奇字耳。

巴部𢄼，棍擊也。从巴帚。闕。

〔按〕釋名釋枇杷，自古至今非是。傅玄琵琶賦序朗言以方語目，故曰琵琶，實譯音也。此即漢書禹貢傳農夫捽屮杷土之杷，今作耙，漢時別體作𢄼，叙耒从帚二者極易混淆也。顏注云，杷手掊也，亦是。耙乃農具，上横木下有木叢，以碎土，土已碎者，別用此叢者以篦梳之，其柴如柳枝之屬，亦可為帚。來掍掃田土亦與帚之作用相類，[illegible]正如掃字从扌別作从土作埽也。此古杷耙𢄼當為一字。

酉部[illegible]、闕。

酉部醻、闕。

丁謂唐人竄補者。

吳大澂寫作榾，實誤，應寫作桹。今日復檢郭沫若甲骨文字研究，已作根，郭先生已先得之，為之一喜！

【按】尾象形𠃨，也作𠃨，匜作𠃨，爾作𢍺，恐是一字音假。

【按】散氏盤榾，阮元釋榔，恐是根字。說文桹，高木。徐鍇箋：桄桹即檳榔。潘岳西征賦："鳴桹厲響"。

◎山海經西山經："剛山多柒木。"郝懿行箋疏："柒木名，廣韻以柒為漆俗字，非。"

◎【按】民不从目，民為後起字，即古萌字借用者，乃由氏字孳乳而來。𠂆↓𠂆↓氏↓民。萌，育，氓，民古通。

◎白字向無正確解釋，林義光以為是魄之省，郭以為為支子遇雨水而生魄，与月魄通。我以為即古帛字，白巾為後起字。㊀㊀是象形字，象絲掛。即帛之前身。而絲色白，殷俗尚白，▇以絺葛為裳，皆用本色，即由此来稱謂白色。

顧實釋臣屈身以事也，即由自字慈（孳）乳而来。古身作𠂤，自取其中部特大之，並非如一般釋作橫目者，比較近是。

日知日録第六

日知日录　第六册

日知日録第六

曹京平

○在魏碑裏先見正書（即後來的楷體）与遵的形勢的的碑比較突出，其中崵字仍有艸隸的遺筆，而他字都已有楷字規格了。

○钱大昕謂说文異读即用本字。

○鄭玄曰，「河圖洛書，皆天神言語，所以告王者也」（六艺論），顧實謂中國原始有神圖，皆居山，春秋時猶未盡亡，天者即山顛也，居於山巔者謂之天子，天神天師，其證甚多。

郭老謂天即古顛字。

○爲 金文作[篆] 入ㄅ，皆為契文？之訛，象象鼻，

○詩雝雝鳴雁。傳雝雝雁声和也，甚是。𨘢雝从雁从水从邕声[illegible]，雝契文作[illegible]，金文作[illegible]，雁为水鳥，故从水，[illegible]相和声[illegible]其相和之声，邕為本字之声也。

雁行列隊，前呼後應，故詩匏有苦葉，雝雝鳴雁，苦通枯，言梟匏枯葉，鷹鳴雝雝，秋之象也。

[illegible]合[illegible]又古文

内昂示其省文，殆未極為明顯。

与龠[illegible]实同，昂龠之省文。

人數

仔倪皆以鳥鳴一声名其鳥，於徂山中野鳥自呼名是也，後以鵜代之，本義遂失。

○陳邦懷釋⿰舟羽从丵。
○說文有水部有巛字，𣴎下出奇字巜（𣴎从巜）。疑此二字
為一字，乃將水之省書于口之外，而日中以一示其在
內也。或即古𣴎字。
○楊樹達見「有抗大木者歌邪許」之句，便知許从杵。
按勞者歌，不因抗木運杵而獨為之。
今南方運物，仍然前呼後應，其聲「哎」「浩」，亦即
古之「邪許」也。「邪許」但記其聲耳，如「款乃」之記櫓聲，
二字與舟實無任何關係。如由此推之，許从午得
音，如於至虞韻，許在麌韻。說文許从
午聲是也。於字義殊多關係。楊樹達釋「于」為「在」
極是。

○齊六字文舊不識。茲識為齊侯鄉長圖化〔按
侯字下作皮形，文故不易識，順之即得𢓍（原為𨒪
即為𢓍，矣之形至顯。按鐘鼎字源二十二養良京
𡭴𥁕饗食作𩞁𩟔，此文作𣪘為其省文。據于省吾
釋為長，𠳄為𠾂之省文，則此六字為齊侯鄉
長圖化〕至為明顯。據文二字舊不識。按為品
化之省文，上作▲即𠙵之唉有，按依虛實無別之例，
即品字也。下亻即化之偏旁，用以代化者。化文以
其宜於轉動，故變化極大，而也因過於簡，所以
不易認識。墨子天子下即言鄉長，亦可佐證。

品𨒪𣪘號𠳄化七
丨 亻

即墨丛器化 背文二字旧不识【按】前为品化

二字。

說文秀作[illegible]，禾秀吐穗上平也。

此秀字上作实形，而两旁[illegible]譌为[illegible]形，如後

其譌形[illegible]即得。其所以譌为門形者，其实系

譌，乃在門中加一點，用示亦为实形，以為上◆

所得一致，加艸则为繁文，合之则为[illegible]形矣，

其为品字至易明白，下为化者，左偏旁反書，

故改为十右旁下不出即得止形，合之则为化

乃化字也。

此当还待商量！

推而出之，雇伯识为「蘭」者，戴醇士、吴大澂皆识

曾、实（册）为斋化两字。

[illegible] 八

前一字[illegible]上为[illegible]下为[illegible]联缀之而成

[illegible]与[illegible]无别也，另一字八使右旁直画稍

曲昂得化，昂化之省文。

由此可知齊桓晉文之所以霸乃在商業交易之繁榮也，經濟基礎有以致之也。

又按 仕父濟陰作：

其斉字，者作後，艸左上左下無別。後省作

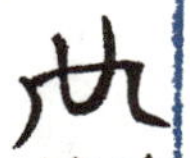艸 舊釋共，實為齊之省文 即之變格。

舊釋化文「共純金」，非。其化文為：

古金侍問錄第二字作：

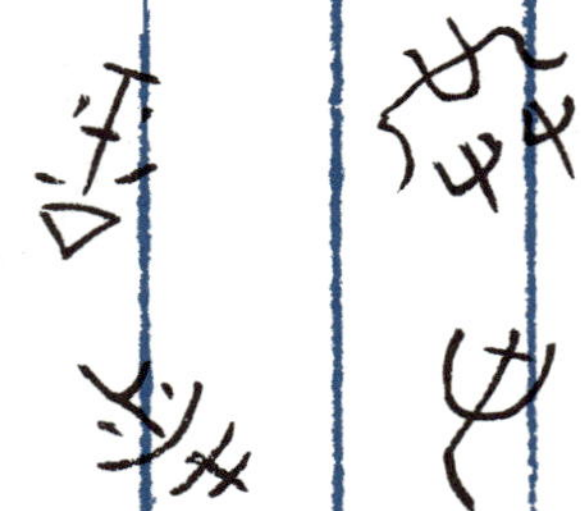

（上錢余頗疑為丁福保偽造，幣字已說）

上右為斉字，說見前。下右為屮字，化文亦作业。

梁文甘甘此作屮，猶存其原意。古金■非指黃金

主要指銅言之。亦金、益与黃金、黑金对称，亦称銅

也。

又古泉滙作「公」一品，化文作：

△

亦品字也。

又尖首刀背文 兆 兆 ⺈ S F 匕 屮 皆為化字，第三為倒書，餘或僅列一旁。

又一品，化文：

卩 卩

貝 貝 或作

古化貨不从貝，觀此字形，亦非文貝。

舊釋「夂貝」。孫氏吉金所見録釋為「貝邲」。丁福保釋為「斉貝」。

夂為斉之省文，繁之即為：

又二品，其化文作：

趙北山嵐釋其文為馬陵，劉壽因以是馬邑。

此實馬貢二字，下為貝字，呂宮聲，周禮幣貢，幣貢玉馬皮帛也。國語春秋六，故使輕其幣而重其禮。注：幣，拴幣也；禮，酬賓之禮也。故天下諸侯罷馬以為幣（中侯罷不能用也，幣帛以馬也）。按諸說以不清楚，罷馬以為幣，但是罷馬之貢，而以幣帛代之，下言罷皮乃幣，而證以其罷皮皆入貢，現在不入貢，散在諸侯所有也

又有釋為馬脈營者，連讀更甚。要之化文以■文（或釋馬脈呂）就幣，且簡化過甚，故最不易釋。如有一品化文作：

廿

趙北嵐釋為「施谷」，劉青園云「是商城」，皆無據。實為甘丹二字。圓音報幣甘丹之字作：

 △（中間一點為模糊者，■一定有點一）

甘契文作 回 ■ 从口从■化文入丫象口形。中間△實之即為▲無點一也，故為甘。左■廿字与契文合，即邯鄲也。

這種貨幣就是用貨幣代馬的貢貨幣，是一種特殊形式貨幣，所以在幣上標出馬貢字樣！這可以證明國語的價值，也可以證明荀子的某些措施的價值，這一條非常是肯定的，是很有價值的。

又一品，見古金待問錄補遺，作曰：

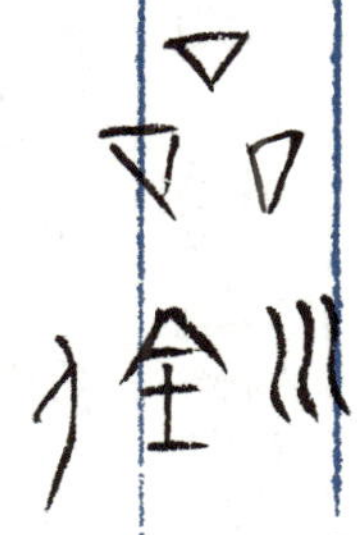

（按未見真貨幣，此其摹文，恐有謬訛。待見真貨幣，再為考定。刀乃化之■省，非昜也。川或即出。）

■

此亦為斉貨幣一種。（如斉刀即臨淄貨幣）斉貨幣非一時一地之錢，其封地皆有一邑之貨幣，如即墨之刀貨幣是也。圜 顏注：均而通之也，是其本誼，非指刀環■之圜，猶言通貨也。後乃與化字通用，說見後。

○所謂商山四皓者，就其形貌來看，鬚眉皓白，衣冠甚偉。○又對劉邦曰：「陛下輕士，善罵，臣等義不辱」。又給太子出主意，其為秦末韓之貴族無疑。○出身當與張良同，以[redacted]劉邦為[redacted]（布衣）故輕之，而太子已儼然有修飾貴族風度，故願傳之也。

張良是非常了解歷史發展的人，故除暴秦之後，而不言封韓之後。○不以（起兵）項羽，而以布衣劉邦，知人民的力量所在，而腐朽（敗）的諸侯的貴胄不能與之抗衡也。至劉氏得國，亦必復專權，故託病而退，蓋諫之不容拒納，順之輒違初衷，不若「算之所終」之為愈也。

○貴義篇圍心吳玉揖（謂）即違心，可證如（明）如年應為同一字，為簡繁字，以肆為編肆失之。

○古泉圖化二字通用。按初氏吉金所見録所載之齊刀，背文作：

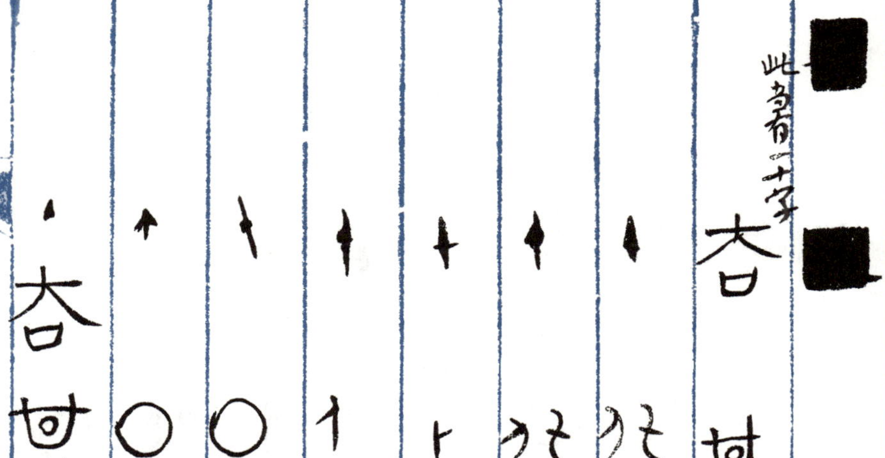

▲ ⊙

▲ 𠤎

十 ⊙

按以上各字皆當釋為十化，化有时柢列一編（寶），如卜亻𠆢ㄟ，有一品簡為八形。可見化与圜是通用的，⊙⊙㊐皆圜之簡字，圜古作㘣者作夻。化文常依敝中形，析一字以寳之，故夻[illegible]乃為一字，合之即為[illegible]其作㊐中非日字，即四之省。

由此則知斉刀即墨刀皆当十化（或圜）化為單位。

安陽刀泉背文乃▲斉化[illegible]十化。（舊釋[illegible]，[illegible]為）

朿亼（亼）
蔓釋洪元其
寶即亼字也
不當釋作元
朿亼
釿五十二
八同此中
北文陰之亼
即亼字一可证

古金待問録有一品。
正文二亼 背文二○ 首文 江氏古泉拓本以为分陽之
合之則為(亼)後之則為(𡆧)並可证○与亼
与亼為一字。
又一品作二
亼 回
亼ノ下象簡畫，後之則為𡆧 合之則為
𡆧
無有誤亼作「吉」作「𠀤」者，乃仿制衣之誤。
要之圜化貿通用字。或為地方标志。
又貨字古不从貝，化圜古為一字，古大布
猶可尋其跡。洪志舊譜，有一品，文曰二

十

僃

其字舊化無圜，化即化也，冊乃眾也，圜化音亦■，又作僃僃僃。此皆秦以前之錢，可证。圜為布名，化為單位，■即通化之意。後圜義泯滅，■化則成為泉貨之貨，亦為單位名矣。于省吾亦謂化為貨，但不詳其形構。

又一品，化之曰：

柬斤 古陶文有：暕 柬

一釿

蓋釋蒲坂，知从反字不應多一丨，即反字。

初尚齡釋為涑城，其義是，其字非。應釋

故宫陳列作中竪直貫

為東氏，古氏与氏通，故昂為東氏，又一品作：

疑当釋東从禾从〇。

按涑水左音，~~在~~安邑下，注解縣之鹽池。当附近以鹽池之利以為貿易者，与安邑同為音一地之幣，其製作与安邑同。

按手者五，曰以乂為五之初文，名以乂為五之初文，並可証乂為象手腕交之証。

■、要之，列國財幣布，尚以益晉為多大手筆。皆以漁鹽之利，富甲天下者。

又■有一教幣背文，作：

八[illegible]

余所得之幣作八[illegible]

吉金所見錄作[illegible]

舊不識。按即貨五二字。這個五字，最有價值，可以証明郭沫若先生說中國記數始于手為搞，且可証一至五為一系統，以前皆以五係午為之，實肥說耳。按古化文一二三有作丨〢〣者，並非皆横出。■以手記數，初作丨〢〣〤㐅，即一至五之數，■五作■[illegible][illegible]亦象一手之形，甲骨文之五作㐅，取其外■如上㐅是也。後金文作㐅，取其內■畫，[illegible]■有其外

■是也。由此可度知丑非交午之丑，可決中國古代刺殺，實■起手■而以一丑丑至于九為丑，為■以十進位也。今安陽出土之殷古尺已作十寸可證，殷曆以旬，亦可為證。但必迹，前為朋起，終為抵證，待攷。

○大布黃千自古莫能決。○■譜皆釋大黃刀布。初氏吉金所見錄，列諸布言古實有「大黃刀布」者，實欲支持舊譜，使其之說不倒者。漢泉布並行，幼泉二十，幼布三百；么泉一十，么布二百，差布、亨布……亨亨皆自王莽始有。泉有小泉值一，「值」作「直」。泉作直，布作橫，衡橫同字，橫省作「黃」，與值省作「直」相應，■一橫一直，而錯刀曰平五千。但足表面之文章，骨子裏面尚有讖緯之術在裏面，王莽自居黃帝之後，居土德，色尚黃，所以造布以「大布黃千」，■（義歟）暗合符瑞也。所以後來泉布之識有「白水真人」之說。此識未應於此，而應於彼，殊非王莽始料之所及。而以此識未應，是以應無毋待焉，而王莽之把戲，遂聚於千年而不得知。元朝未立國號前，自稱大朝，後以元名國，恐亦從宋元通寶而來。以宋下起元也，以為徽北大（為崇寧所改）。

○王文敏曰：鮑年■度■至寧元寶，坡（刻）漢古泉滙財堅不著保。既王以拈本時竹朋，無不信。這種態度是認真的。■（丁寿此錢曾經大德坡色红世加。）丁福保仿集郵办法，与日本嗜古泉者通声氣，以古錢為商品以牟利，並刺衣譜標價，以售其貨，蓋古錢商人也，故必欲求绝品致事，以便轉相鬻售者。其言不可信。彼以益都中定為漢契，殊如非無識，即故使其時代隐晦，以便于鼓煽裂造也，二者必居其一。𣏟貝介化文字陶同於鐘鼎，早然在秦篆半兩之前，此一望可知者，与漢隸毫無關係之處。下文以此錢有廓，而半兩獨無，以証其更在此錢之前，此為無識之見。殊不知方足幣如平陽等皆有廓文，特不显耳，焉得謂廓自半兩始！此錢即由鎛布有𣏟字者團化而来，豈得隔秦漢而銜接之耶！

以錢定地，固有可從，然而銅質易於鋅蠹化，千年以上之泉，孰何能保其常如新，且古泉在進裂不均，在其製作之初，無怪不然，何況時代之則不能認其代之別乃先乃先。

攷之古今泉譜極不易得之數幣，丁氏則能得而俱供之。
然而年來斷有出土，而丁氏未曾一述錢之來歷，
如福氏之於齊刀，亦實而其親見者，輒志之以存其真，
此種態度，極可欽式。而丁氏祇言上海為古泉匯
集之所，獨不知古泉多出乎此地乎？此公似未道及
金陵乃盜鑄專家所在之地，上海特其出口耳。
此公泉譜亦多不可據，其
僞設幣及方足幣皆有摹繪而不言其出處者，實
印證古泉匯者也。此皆非以手去觸一般，乃商人之
技倆耳。取之不禁，用之不竭，蓋丁氏之無盡藏也。對
於古幣丁獨譽漢四直之，蓋以其不易僞耳。
鄭家相曰：泉拓蓋一品，周景王鑄大泉

後刀布者，上亦有○，此又有者，互相徵驗閱訪，其形製殊不得若，刀無精細銅質純而殊薄，而刀形宛然，又與一個未見之物。

而有二品，郑实是有根据的。我有西周平空首布，知郑所谓二品者，即西周与东周二品，丁氏谱未列西周，故不知二品何所分也。彼自言缺周泉二品，其谱仅列东周一品，盖未见真泉者。然郑氏谓泉自周始，未可据。其古布比较大，极薄，诸旧谱无言文之布空首■花文极细者，亦其式制，与周泉迥异。周泉与周之日比文并同趣，而此布与商以上不殊，其必为殷末周初之布无疑。余有二品，一二起已残，布有○文，其一完好，制作全同，惟无一○文。丁引说文谓周而有泉，无促古之说。

又丁氏天策府钱经检建初尺一寸七分。按洪氏谱作（宋尺）一寸七分，而穿作□形，余所

按孟麟泉布统志，天策作〇形，古泉汇钱系字云：宋……其大小与今所同，孔为任三尺

藏端匋斋藏天策钱（见人为星说·某题铁又数倍书），以宋三司尺量之，正为一寸七分，而丁氏不知宋人与建初尺之差正廿，而其谱中之天策府钱，泉文与端藏相仿佛，而字作冂形，盖沿传说之形制也，而径长通建初尺一寸七分，（彼古泉汇宝用谱中之尺为汉尺，而忽于丁氏乃宋人，应用宋尺者，故丁氏失之。）既可知丁氏所造古尺中，其形制亦之泉谱，实欺世以自为之行也。

又丁氏谓大泉径九分，余以手边之大泉，按诸宋三司布帛尺，已得九分，足证丁氏所用之尺寸，正宋三司尺也。

按丁氏图为明俗象模形补，丁氏所见不广，遂失过甚。但天策钱其字独作口形，必有所据，以（盖丁氏泉谱此类缘于此者，皆为此类）为虚拟，决不如此。而丁氏以其不合传说形制，

故造伪时改为口形，而字迹尤袭其旧。丁氏尚时与多古泉商榷矣，彼以为是者即是之，彼以为非者，必非之，无一不以其谱为真伪之辨，不知究竟！丁氏言祺祥之说，已极可哂，而于当两五铢泉，直注南京新出土者，则造伪之迹毕见矣。

据此，则可定今之宋三司布帛尺，即洪遵所用之尺。[redacted]与乾隆六年工部库贮校准之营造铁尺，略差一寸。

日本猪饲敬所遗稿杂考云：曹学台钱志云（货币长一寸九分……本邦铁尺即曹尺……周汉一尺当今七寸六分）

[redacted]皆实五代人，张隋木以为宋初犹在。所言尺寸仍唐制。

李孝美曰：「開元徑寸……形制輕妙，與開元錢同」。枚之開元於■行錢（後行者錢也）大小相同，則開元■作元徑寸，而新唐書食貨■高祖入長安，民間行綫環錢，其製輕小……武德代鑄開元通寶，徑八分，得輕重大小之中……」（今考武德代錢）■其徑■同開元，開元制作精妙，如今■尺碼，開元既徑寸矣，開元不得爲八分。如以開元二錢較貨■布一枚，無得二寸二分有奇，不得爲如李台所云寸九者。

唐六典謂：「唐代之尺，蓋有二種，黍尺與大尺兼用焉」。所謂錢徑八分，指大尺而言，李台所云，係指大尺，李爲五代末期人，其所言之尺應仍唐之五當，唐尺大小實差二寸。李孝美所言之蓋小尺也。是以開元徑八分。

唐開元尺，據吳大澂氏之實測，謂：「十枚平列，但食货志所载，差二三厘，是比例，至是增减尚难作结论。王则以此例视之，故陈十二有半也。

適合開元一尺。王國維實測云：今量開元通寶十二有半，即合之一尺。王[■]劍[■]知大尺。惟此二分為不知用開元，代開元，蓋開元大小一律，而開元有大有小，如以開元代開元，則[■]十二開元為一尺矣。余以開元校開元，初行者與今大小相當，後行者則殺小矣。

丁氏又云：「新唐書食貨志：武德四年七月鑄開元通寶，徑八分，……今初唐開元錢異甚，以準之殺之，其徑寸，今作八分者，蓋當以漢尺百二寸為尺者。」今其譜所列新開通（元）皆文錢，比皆漢尺一寸者，實則會昌錢（六年），去武德已（四年）二百二十四年，不得謂之唐初錢。其譜列右挑錢及爪痕錢，殆與開元同大小，可知（以開元合漢尺一寸為準）。丁實[■]紙知乾氏之言，而[■]故偽馬段錢乃

漢尺寸七分也。余前此亦為其所蒙，而未之■察，今
校■及尺度，乃得其說。
由此可以推論：
一、開元徑為唐小尺一寸。
二、貨布■（唐建初）尺一寸，長二寸五分。（建初尺）
三、開元初行錢與開元同徑，乾元重寶亦同。
四、李■（台）所言尺寸，■皆言之。
五、洪遵所用尺■（較小于）宋三司布帛尺，據王國維考
証為宋初尺（三司尺　律改）（沈括云：求秦漢以前度量，中方古尺二寸五分十分分之三，今尺一寸八分百分分之四十五，強，則其時之尺■不知為何尺，然自不能決。注記）
六、黃本段厂之牙尺與漢建初尺合，則不合于開元。（並沈存中之說）
七、孔氏謂唐開元尺與建初尺同，未足據。以開元錢與
貨布厲，不相等故也。

○我疑惑古泉滙釋作殊布當十化的長布也是束氏布。

古泉滙釋為殊，实疑以前釋扶者為近是。我看此字仍是析一字為二者，以復其原形，即為，可以看出它還是束字。古泉布字作析離形者很多，好些是帮：

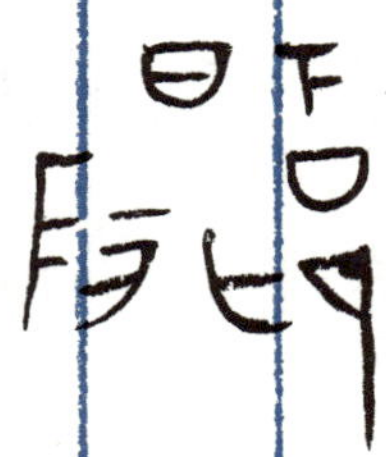

文字舊不釋，就是因為文字析離太甚，不知為何安排是好，要是要安排得恰如其分，即可認识它是什么字了。現在按排一下試试看：

[illegible]

[illegible]

還得用點補綴工夫，

陽 [illegible]

如今，便很容易認識了，這是鄡陽二字，就是

鄡邑之陽，是晉幣。

那麼，這個東字也是拆開寫的，合起來便是東

東了。

但不敢確定，先記

在這裏待攷。

又化文「釿」字，我以為後混於古刀錢字，國語曰，景

王二十一年将铸大钱，單穆公曰不可，王弗听，卒铸之。釿
字偏旁与二戈绝相似，亻与扌相去不远，後遂讹为二戈，
由釿而■钱。钱，化，圜爰，都是单位名，都有
比差，後都成了钱的揔名了，有附的差值，是不一律的，
但睘，爰单位大，化，釿单位小，是可能■的。但也
有同值的。颇不一律。■说文云，釿，剂断也，从斤金，
小徐以为宜引切，说文入斤部，恐非斤声，其音不详。林義
光以为量名。吴大澂云，攷工记，攷工记云矢刃重三垸，垸疑
釿之讹。吴大澂从形讹求之，非是，朱骏声谓垸借为锾
是矣，锾与釿皆量名。■
■史记龟貝金钱刀布之币■
按此金钱二字联称，但金、钱实为二词，对称者，皆以之名币者。

宋元通寶

〔按『開元通寶』，開元初行錢，乾元初行錢，皆唐以尺寸，此為不移之論。『宋元通寶』宋元初行錢，建隆鑄，蓋仿唐制，亦唐以足一寸。〕

有幣文作當金二十當爰，恐即當鋝五當爰十二之意。

○現在把『泉志』中說到錢的大小尺寸的，逐條抄在後面。

秦 半兩 敦素曰徑寸三分

漢興 顧烜曰今世猶有小錢徑五分

五銖 武帝 舊譜曰：徑一寸

四出五銖 余按徑寸 舊譜徑寸一分

直百 舊譜云徑七分

直百五銖 顧烜曰徑一寸一分

余按有徑九分

有徑七分

傳形五銖

顧烜曰徑七分

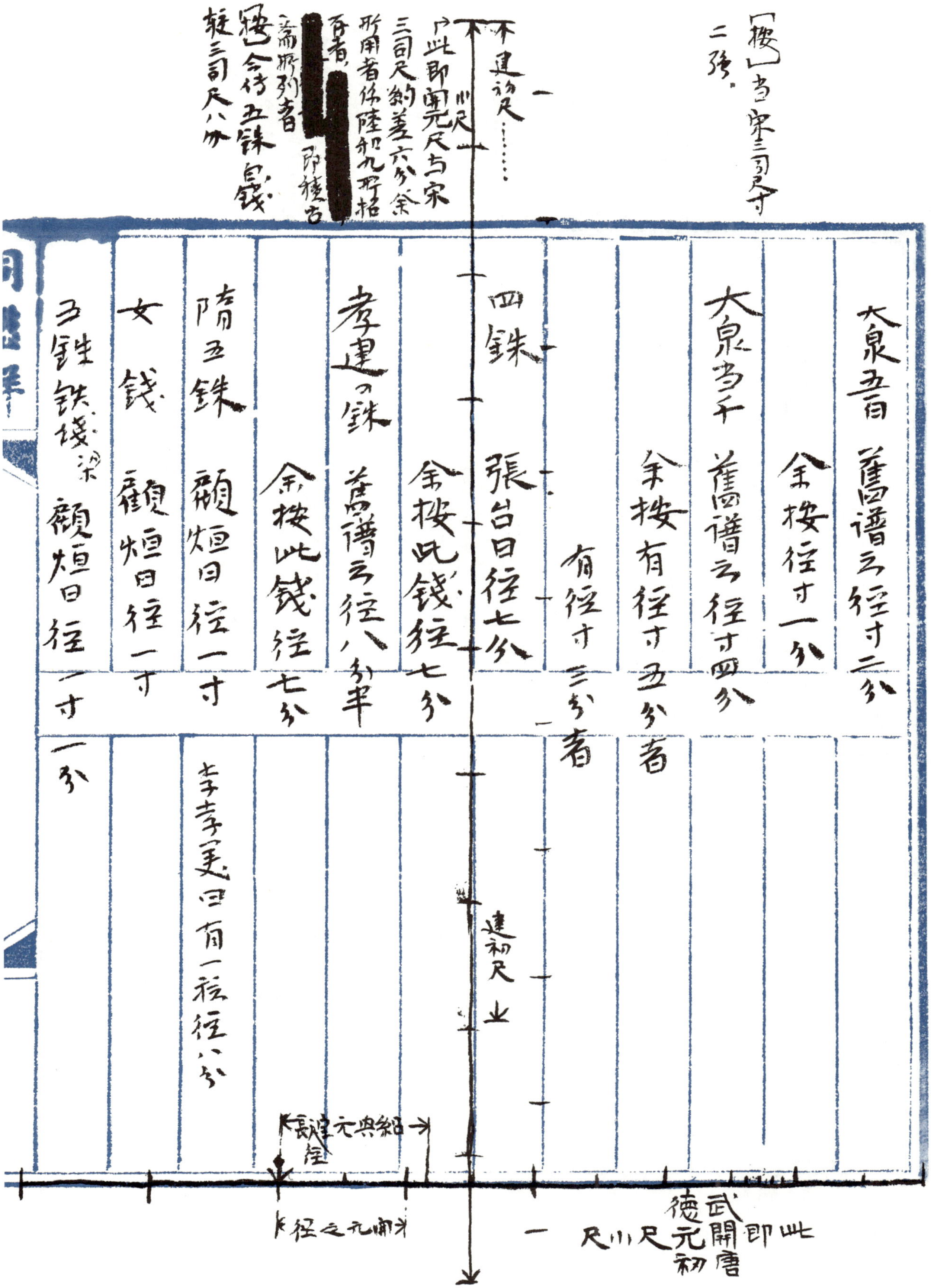
「按」當宋三司尺寸二張。
大泉五百 舊譜云徑寸二分
余按徑寸一分
大泉當千 舊譜云徑寸四分
余按有徑寸五分者
有徑寸三分者
四銖 張台曰徑七分
余按此錢徑七分
孝建四銖 舊譜云徑八分半
余按此錢徑七分
隋五銖 顧烜曰徑一寸
李孝美曰有一種徑八分
女錢 顧烜曰徑一寸
五銖鐵錢（梁） 顧烜曰徑一寸一分
宋建初尺
建初尺止
按今傳五銖白錢疑三司尺八分
紹興元寶徑
開元徑
此即唐開元初武德尺 川尺

【按】我以太和校三司径九分 永安径九分强 以銅典元宝校之■径八分

【按】大字 以開元校径九 常平 径寸

【按】以開元校之径寸一分 果如之舊譜或有重 尺五小者。

	余按径七分
太貨六銖	余按径寸
太和五銖	余按径八分
永安五銖	舊譜云径九分
	李孝美曰径八分
大字錢	重径九分
常平五銖	舊譜云径八分
	李孝美曰径寸
五行大布	舊譜曰径寸一分
	張台曰此錢小者至径六分
永通万国	舊譜云径寸
	張台曰小者至七分

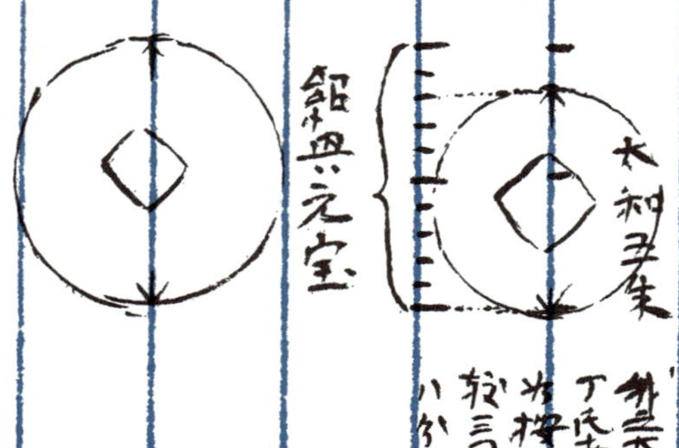

外表太和較丁氏字稍大 以按丁氏考較三司尺得八分。

【按】今傳白錢，三司尺分，皆非真錢

【按】与開元同径

【按】与周元同径，舊譜唐尺，应作寸二分。

【按】以周元校之，得一寸四分，食貨志所言仍为大尺。可能大尺即小尺十二寸，故得寸四分。

李孝美曰径寸五分

白錢　舊譜曰径寸

開元　新唐書食貨制，径八分

乾封　仝上：径寸

舊唐書食貨志曰乾封元年改造新錢文曰

乾封泉宝径一寸

乾元　唐書食貨志径一寸

舊譜径寸三分

李孝美曰自寸二分至七分相較一分凡六品

字從形制略無異

重輪　食貨志径一寸二分

舊譜云径二寸四分

若舊譜云二寸四分,系一寸四分之誤。因開元大錢徑一寸二分,重十二銖,六参此錢僅重十二銖,不得為二寸四分。可証舊譜書寫之訛。

小乾之[illegible]与開元初行錢

尺寸同

〔按〕我所藏貨泉徑同元八分,則張台為半二寸之唐尺

李孝美曰:小者徑寸,大者徑寸五,与唐志崔曰譜

所載不同。

小乾元 余按徑与開元同

大曆 余按徑九分

開元大錢 徑寸二分

建中錢 張台曰:輕小于開元,徑十分

天成 余按此錢徑九分

天福 余按徑七分

漢元 余按徑寸

周元 李孝美曰:徑寸,形制精妙,与開元錢同

貨泉 張台曰:有徑寸四分、徑六分

李孝美曰:有徑寸五至四分者

【按】余有一唐國通寶錢，与開元同大小 ■■ 洪氏按徑九分者 ■■ 則为

【按】咸康、光天、通正，徑皆不圓，相当周九十之八 ■■

【按】王司尺寸七弱 ■■■■■

永通泉貨　余按　徑寸三分　徑寸五分

唐國通寶　余按　徑九分　七分　寸二　九分　八分

大唐通寶　余按　徑八分

咸康　李孝美曰　乾德光天天漢通正永平

並徑七分重五銖

余按　皆重三朱　獨咸康二朱三絫

廣政　余按徑九分

乾亨　李孝美曰徑七分

鉛錢　余按　徑寸　徑九

乾封　余按　徑寸七

天策　余按　徑寸七分

永隆　余　一寸四分

手五铢当　径九分

四出　大泉五千　径寸一分

双五五铢　径八分

左右五铢　余按径寸

太元货泉　李孝美曰径七分半

通行货泉　余按径八分半

女钱　顾烜径一寸

稚钱　仝上　径八分

五朱　仝上　径七分半

張台　七分　五分　四分

余按径七分

定平一百　顾烜曰径六分

传形半两　径八分

太平百钱　顾烜曰三种并径一寸 小者径七分

全按有一种径九分

两铢　敦素曰径一寸三分

一文　吕垣钱　敦素曰径寸五分

五金　全按　八分

大朝合金　李孝美径寸五分

天福镇宝　仝上　径八分

万安　仝上　径寸二

太平兴宝　仝上　径八分

大千　全按　径八分

【按】刀長建初尺二寸

【按】与■建初尺皆同，唯足枝廣不止二分，應作四分。

【按】長建初二寸三分五，以前尤按之得二寸一分。此布前行与後行大小不一致，此言其小者

旨六化。		李孝美：徑寸一分
分ク化。		徑一寸
三字貨		徑寸一分
十字		李孝美曰：徑寸六分
契刀		前漢食貨志：環如大錢，長二寸
■■		
貨布		食貨志：貨布長二寸五分，廣一寸
		首長八分有奇，廣八分，其圜好
		徑二分半，足枝長八分，廣二分
		張台曰：以今尺日(量)之，得寸九分
大黃		舊譜：長二寸三分
長一千■	仝上	長寸一分，廣九分，首……

【安】我所此幣中長宋三司尺二寸一分，上廣寸二分，下廣寸四，首長六分半，廣六分半，足之間廣六分

天贊 三司尺九分■

一枚，校之約九分四、以用元

大康 徑九分與■三司尺■校得九分四

以上各布所指又■明 但於安邑二釿一枚

張占曰：長二寸一分，肩廣一寸三分

首廣九分，足枝長六分，間廣四分半

■金布

上十李美曰：長二寸，上廣寸二分，下廣寸三

首長七分，廣七分，足間廣五分

天贊		余按：此錢徑九分
重熙	〃	〃〃〃九分
清寧	〃	〃〃〃九分
大康		九分
大安		八分
寿昌		九分
乾统		徑寸

鑑明月校三司徑九分

〔按〕布泉校三司尺徑八分強

〔按〕校三司尺九分

天慶	徑九分
明月	九分
布泉　男錢	徑素曰：徑一寸
	李孝美曰：徑九分
圭　貨	余按　徑九分

〔按〕古幣湮變已久，且偽者亦有百年者，頗不易辨。此僅較可靠者求其尺寸，但亦爲約數，備可作參考。但周元豐十爲唐尺，則無可疑。張台皆言唐大尺。余按即

宋三司布帛尺（相當）。故陳列（唐尺）亦爲唐大尺。

彭信威中國貨幣史所採的圖是比較可信的。楊寬在计森中國的尺度用（錢幣計森）的方法，是不夠準確的。

附記在這裏，以待進一步探討。

○我以宋三司布帛尺作標準量宋平錢。得其大小三等。

一等九分強

建炎

聖宋（艸書）

嘉定

元祐（篆書）

紹聖（篆書）

聖宋（篆書）

大觀

政和

宣和（篆書）

咸平　至道

治平　太平

二等　一寸〇五强

嘉泰

政和（篆書）

開禧

紹興（篆書）

嘉熙

三等　一寸一分强

淳熙　慕

咸淳　二

景定　三

元符（篆書）

宣和（篆書）

建炎

乾道

元祐（篆書）

可知宋錢之制一般地進為三等，一等仿唐一寸而為後來宋尺九分（强）而宋之三司尺約長武德時七分。而此三等錢又各相差五絲者。其標準蓋如是，但錢之輪廓不一，鮮能一致。故難

三司尺

明其法，而仍不能由之得，求宋之標准尺也。其比例較則■可知也。

9∶1∶05∶11 ■ 是也。

顧炎武集釋卷十一很想解決歷代度量衡問題，

祗得古之權量，比於今日大概為三而當一，又說量最大，權次之，度又次之。言■宋正大間但以館市易，為役日用銀之狀。顧言少府仍行宋錢，唐錢無可行，宜可損財擴用。

唐則太史太常太醫用古尺，則今行尚有歷矣。又言元上以乃有苟子之居，顧氏多言律輕重，少及於尺度。

墨子天子下即鄉長里正。長正与後來的意思有別。古鉩文有「斎邑里」斎邑長，余釋斎刀文「斎候鄉長圜貨」。太公九府貨法即九府皆可自鑄於斂中之意，果如是，則鄉正亦可有貨矣。姑志之，待再作進一步的探討。

竹書曰惠王十六年晉城降

○

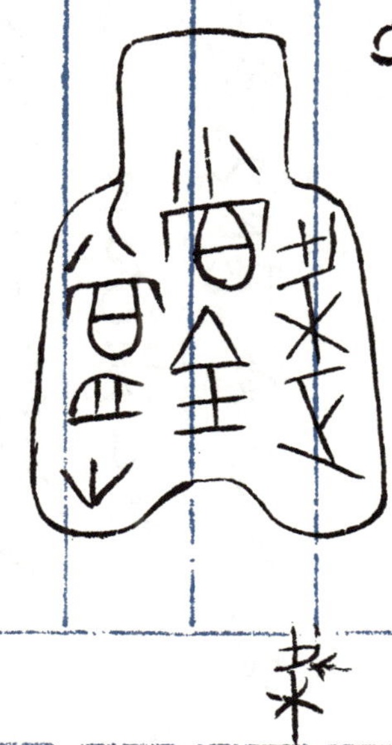

此字殆非一直並貨下，蓋讀是从止的證據，

○此幣洪氏譜已錄，舊釋「乘正」。我以為即「降■幣」。

蔣廷錫尚書地理今釋：「降水（今本作絳）出今山西路安府屯留縣西南八十里，至潞安府入漳」。按即今絳水，源出西北絳縣西北絳山。絳縣漢置，春秋晉地，穆侯遷都于此；孝侯改絳曰翼，故城在今山西翼城縣東南。景公徙都新田，又命新田為絳，而稱此曰故絳。絳是■晉徙都而起的城市，絳邑是晉侯國的一個经济发达的中心都市。古为降，这幣是晋幣，即降邑的货币，过去释乘正是错误的。

又左成六年傳曰：「晋人谋去故绛，诸大夫皆曰：必居郇瑕氏之地，沃浇而近盬，国利君乐，不可失也」。水经注云：「新田又谓之降，即降阳也。按即今山西曲沃县西南之绛邑故城」。又襄垣在长治县北，经浊漳河支流上，始置於汉，为赵襄子所筑城，故名。此地皆循浊漳河，■土地肥沃，又近盬城。襄垣幣化文作 [illegible] [illegible]，秦汉人不释识此二字，误认作郇瑕，把 [illegible] 误为旬，土误为卩，所以识作郇瑕，所谓郇瑕氏之地，实即襄垣之地。水经注浍水，阮元谓应作降。

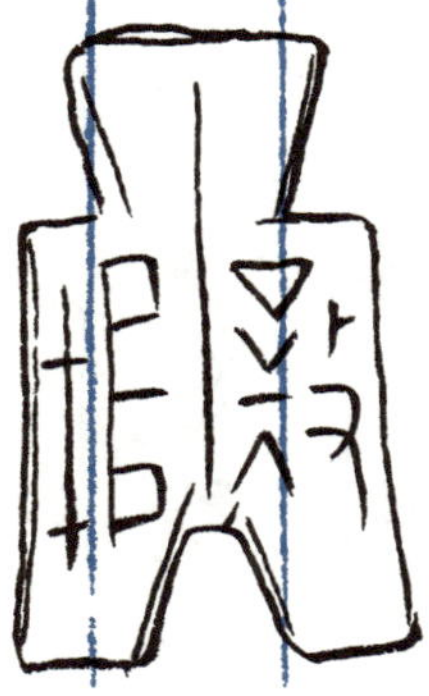

使嗜杞戴因過去貨布祇為好古者所玩弄，不從科学的經濟觀點來出發，所以出現地點不詳，化文亦多不識。所以往考史書█，多不能運用這部材料，來解釋當時齊音的商品交易的發達。假如在這方面要弄清楚了，這對史歷的貢獻是很大的，這當然還是一兩個人的工作，也不是一兩個人能担負得起的，國家已進行一次空前的大規模的考古工作，郭老提出在十二年趕上世界水平，希望獲得新的材料，可以解決許多歷史問題。我自己願在這方面也作一點一滴的工作，但由於沒錢犧尋古幣，同時，閱讀古書也太少，是會受到限制的，祇有逐漸的積累罷。作學問之道，也祇有積累，此外無它辦法的，要用幾十年的工夫，就會有所得。

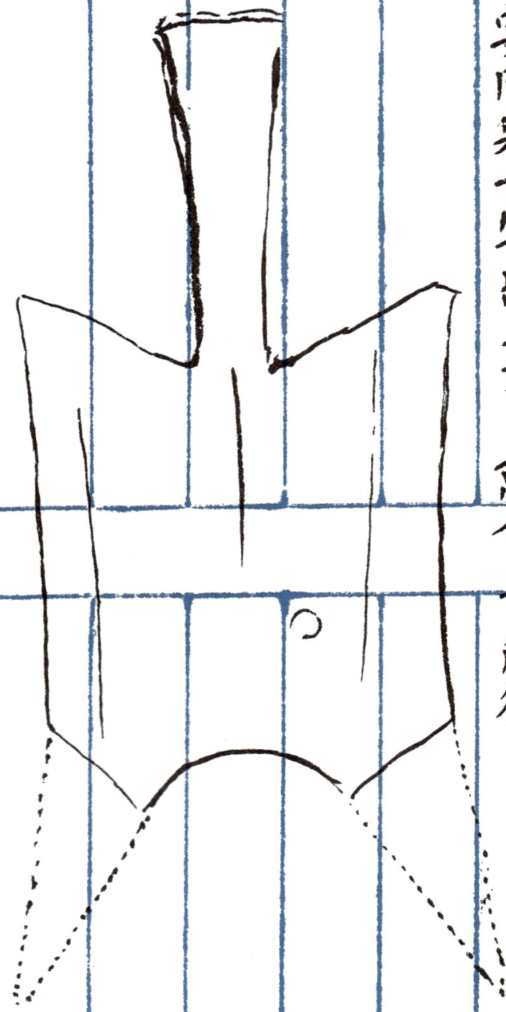

右空首幣有の文書

古泉滙有此品

我以為這是殷末周初幣。和下面的刀幣形制和の文，都有共同之處。但中間應該還有過渡化的環節。

尚待發現。但他們是屬化関係是可以肯定的。

两者铜後字成分，虽没有经过化验，但由其锈色一致，也可以看出铜质相近。而〇文还得不到解释，是否与齐刀之〇文有关，亦得研究。或者即圜之初文？

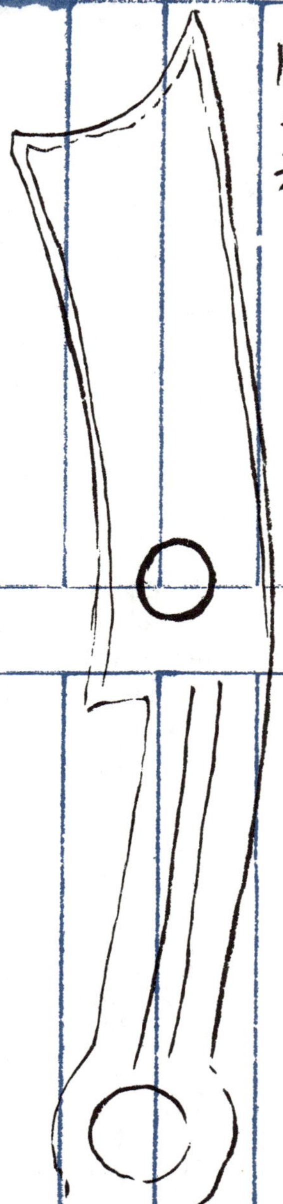

這一種斧刀，我未見真刀，祇見杨氏吉金録摹本。又所謂■呂刀，我有一枚，形作，○極圓，不如徵末作形者，也一定是從上傳誤而來的。決非从口。恐即圜刀之初文。（面■[illegible]）

。漢南徐英澄字甲萱，理惑、鍾韋太炎、黃季剛之後，最為無理。是歲一九二六年，而在章黃之後，甲骨出土日多，猶值信者，（不）實自惑而多誤自首。

。羞白釋浧全。按■于■者吾釋浧■為浧。

甲骨文有地名呈，古璽文有浧字，帝王世紀曰文王居程，徒都豐，故此加為上程，■在閔中。■

■楚出印子金，上有浧爰二字，所謂浧金，又郢斅印。

為楚之斅印，非上程之程。即楚昔京郢之郢，由楚辞有思郢為大邑。

又四王首斅印二

但又有雷氏浧金，則仍為北地之程。皆以未見真斅印，不能決也。

居古文尹，此字上不象形尹，下象口形。

楚出土的鬼脸钱，有带居字者，和这数中是通化关係，但首或刻花，不類楚之钱币，因为楚和北方书体也有大换，有居字鬼脸钱不一定即楚之钱币，我看也可能是甘丹二字合文呢，待考。

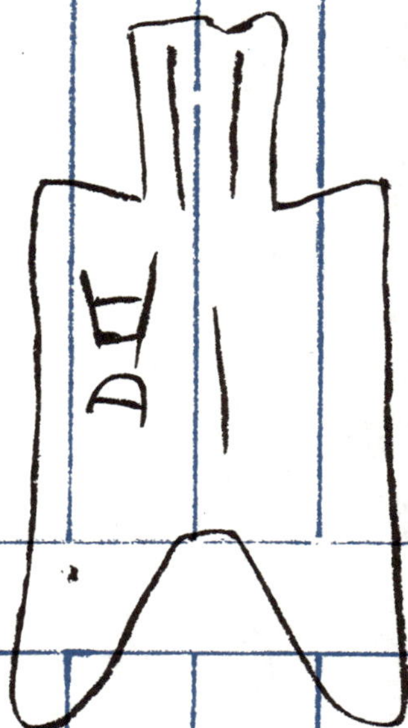

古文正倒不分，方圆不分，按字形两字相同，空

首都在左面，所以口形特别清楚。而後二字，無与甘丹二字更相近了。

○史記索隱云：祖乙遷於邢，邢音耿，近代本亦作耿，今河東皮氏縣有耿鄉。蔡傳以祖乙兩遷於耿邢為二非也。耿城在今山西平陽府吉州南。

○漢書地理今釋：陶，即陶邱，在今山東兗州定陶縣西南七里。 陶陽可能就在這裏。

○孟子梁惠王曰：昔者太王居邠。國名，即豳，周之先公劉所立。 古代分布，亦不當是個單位，而是地名。當即邠邑之都，於今陝西邠縣。姑志之以待攷。

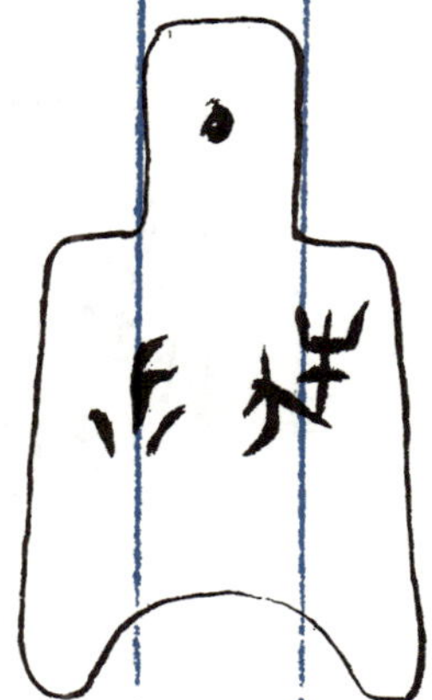

說文布台織曰布。段注曰：其艸曰枲，析其皮曰𣏟𣏟，屋下治之曰麻，緝而織之曰綫，織而成之曰布。那么，分布的布猶存古誼，布作象枲，从巾，示已織成布矣。

古时衹有麻布葛布。

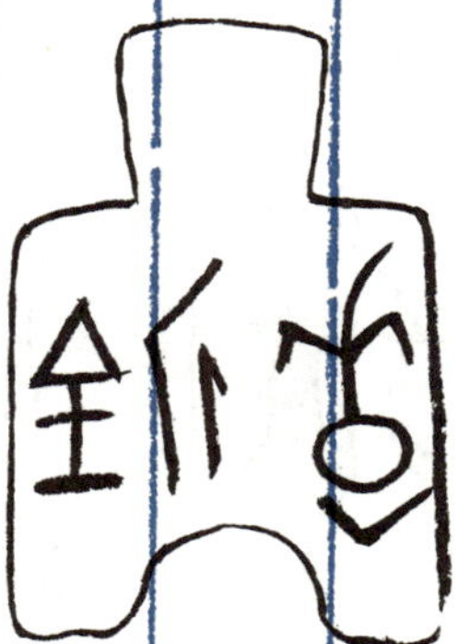

由上数币，可見此為二字，绝非三者。為主词，釿為客词。二字構成一词者。

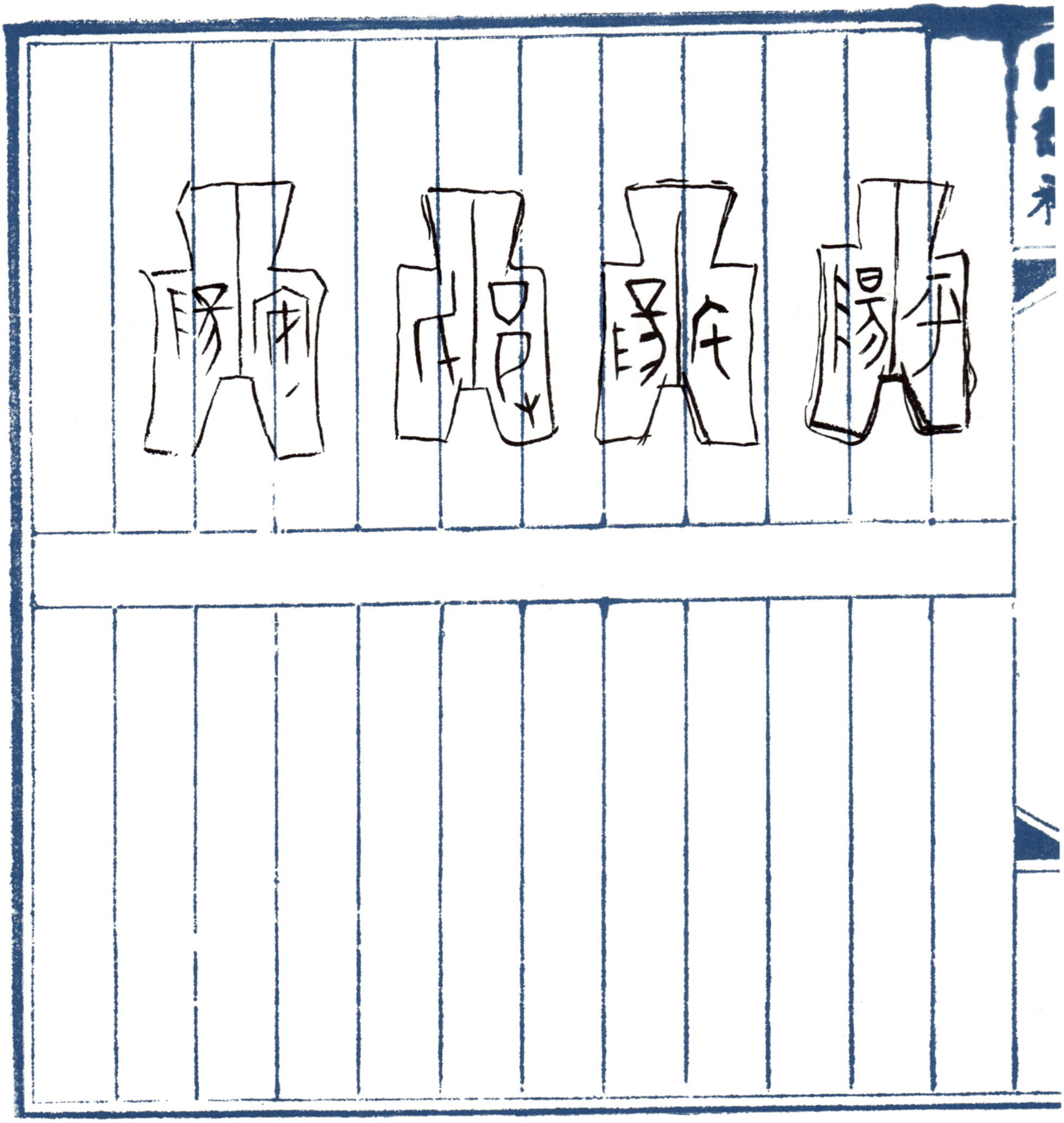

泉幣圖說：平陽安陽俱屬秦地，此字類秦
書，當為秦幣。

舊釋魚陽非是

按平陽安陽形制銅色与漁陽同，秦置魚陽
長城以南盡淘蘭邊化皆是其地，但此為秦前幣。
陶[illegible]邱在濟陰。（說文）國策：秦封君以陶。史
記：范蠡稱陶朱公。

江氏古泉揭本有一明月钱作◎彡[illegible]

説刀刀為重文

舊傳明月钱，上為圜刀合文。⊙為刀，有〇，有⊙，有◎，此即从刀形改革之幣，仍存其合文，以示即（刀形便召刀者）其幣，以便于市场征信。而另制刀字在左方，以使财对视，而随钱形。形以应仍读为圜刀。墨子：圜、一中同長也。以圜為圓。圜為後起字。〇当即圜，圜亦读若圓，通与爰鍰通。

盧氏今河南盧氏県。

水經注：湟陽，在西北岐棘山，春秋屬鄀國。

戰國秦穰地。

史記貨殖列傳：

邯鄲：「亦漳河之間一都會也。北通燕涿，南有鄭衛。」

燕：「燕亦勃碣之間一都會也。南通齊趙，東北邊胡，上谷至遼東，地踔遠。」

洛陽：「東賈齊魯，南賈梁楚之。」

壽春：「郢之後徙壽春，亦一都會也。」

秦：「秦文孝繆居雍，隙隴蜀之貨物而多

賈，献孝公徙櫟邑，櫟邑北卻戎翟，東通三晉，亦多大

賈，武昭治咸陽」。

○漢：門鷄台鉄范，易縣鉄范有「比陽」二字，臨邛鉄范。

鉄范可能殘套出售。故宮所陳。

○江陵雲夢古泉榻本秦权钱（三）皆極小，如垣字钱一般大小。

一第十六、六作夳，一作十九，九作丸。無如古泉从話所說

「四爻字樣」。

○維新通宝為舊譜所未載。

○大順通宝制作極草率，質為黄銅，順字須作形。

似張献忠钱，非闖王钱。

○一刀有一種極小，如笑钱者，可見當時貨幣貶值

之甚。

戰方周制　釋尔雅釋地

淥

菑

大陸

陶邱

沮雝雎

□

開封

路

列国

莒

口泰山

邾

郯

大原

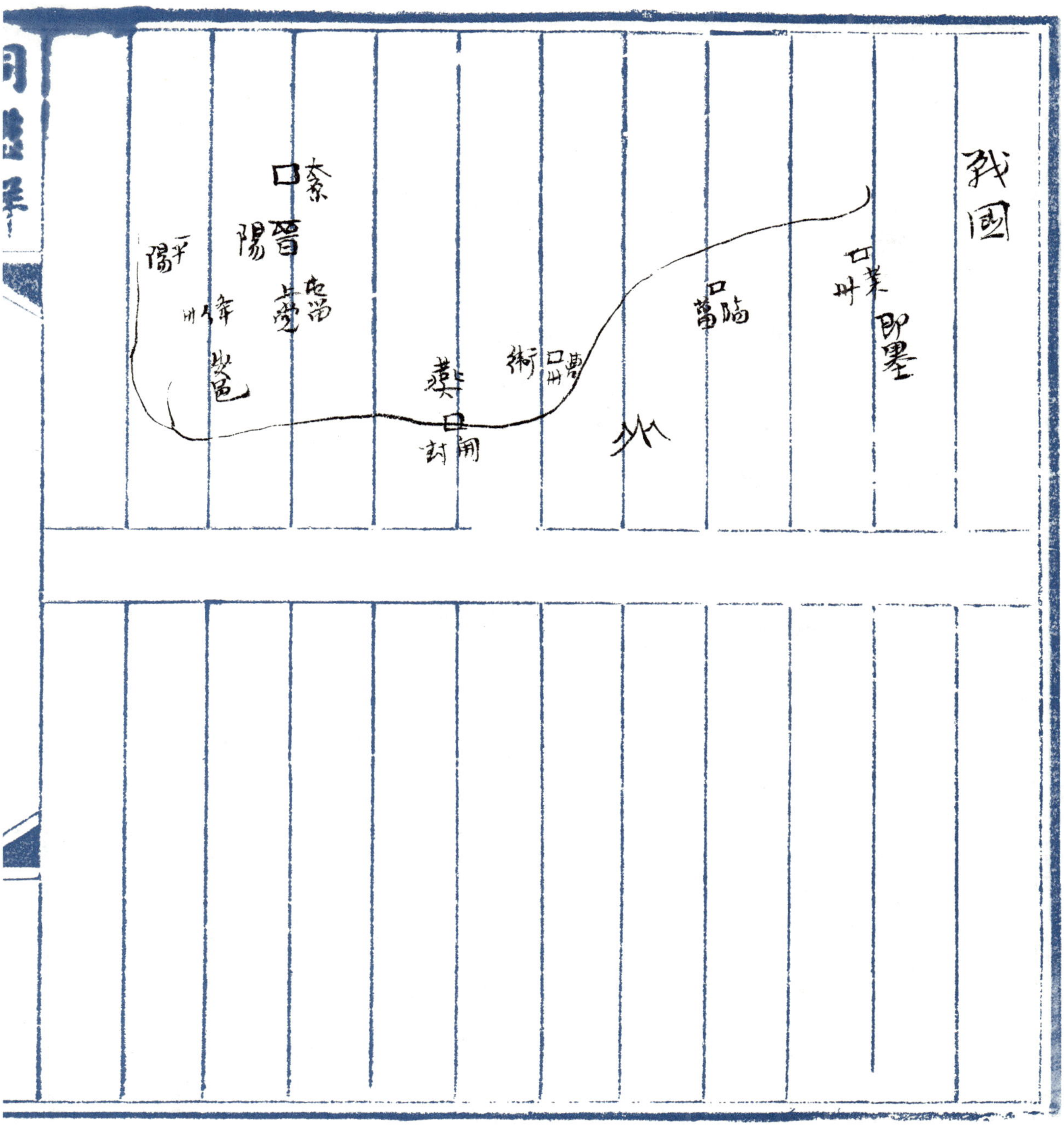
秦
晉陽
平陽
上黨
屯留
開封
臨菑
即墨

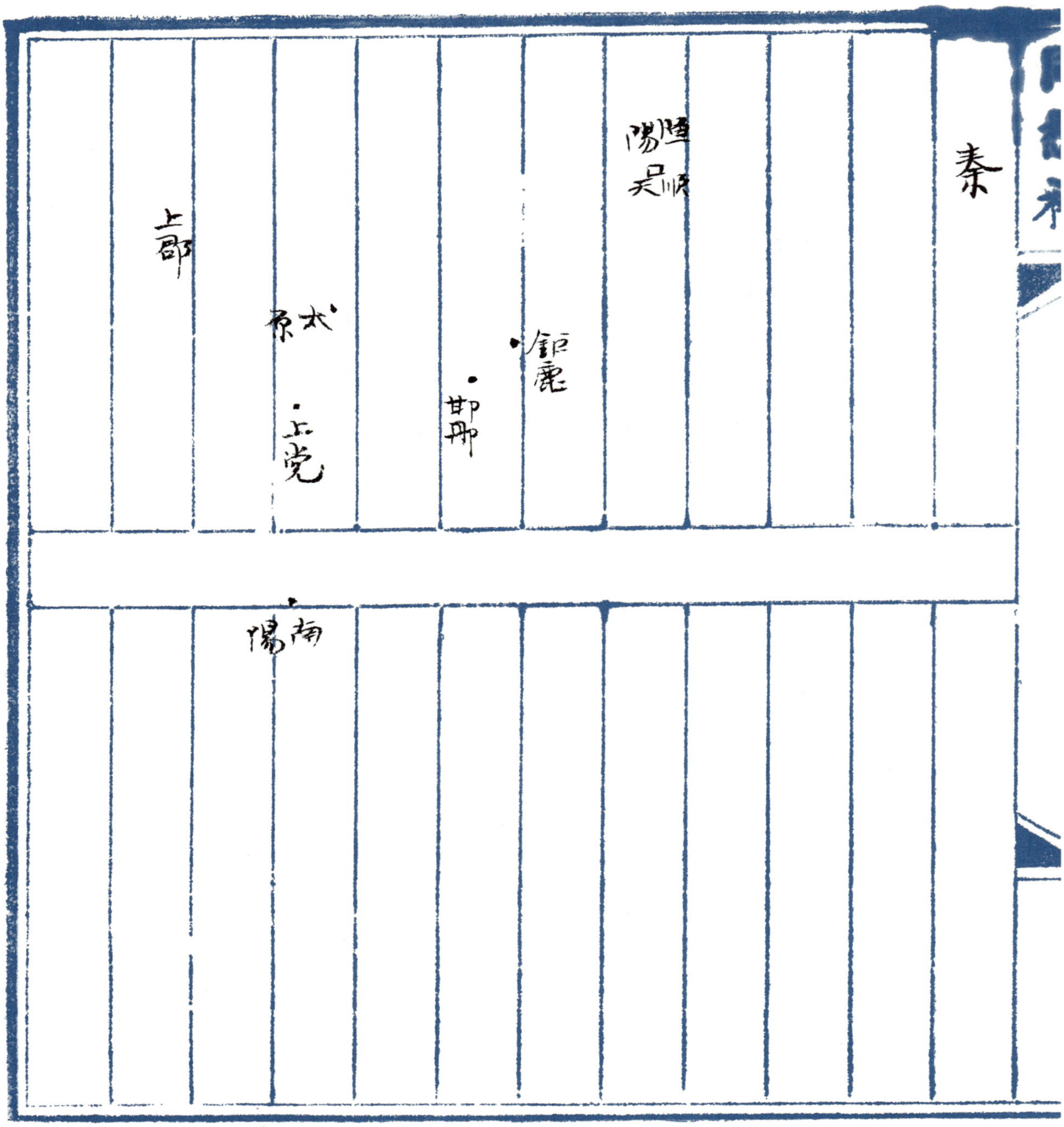
秦
鉅鹿
邯鄲
太原
上党
上郡
南陽

漁陽
淄川
濟陰
曹州
陳國
汝南

○新疆出土郭仁錦書郎熹平四年司隸校尉

閼熹（長）故循吏郭仁乎？閼熹在絳県西，位涑水西北

岸，漢置。武帝在此聞南越破，故名。今山西省。

必由此地販至新疆者。

○又張懷寂墓出彩畫木俑二，陶俑一，存

科学院（咸陽底張灣）（吐魯番）

○隨段威墓出東羅馬金幣一枚，唐墓

出西域銀錢与開元通寶同附。

○耳與陶盤底下有「孟臣」字樣者，製作

亦精。

○天工開物：炭磚若皇居所用磚，其大者廠

在臨清，工部分司主之，初名色有副磚券磚平身

我所見未及細攷，或為明清時所。馬可孛羅所見為元代時，但必為日一手燒者、

陶瓷館所如此陳列

磚望板磚、斧刃磚方磚之類。……以藝正為者，則由次廾造解，其琉璃瓦色料，已載瓦款，取蘇壹基窯，燒由里窯。我在南苑看見一方磚，色深如古錢，有蘇州……監造金磚字樣。當時我就想到馬可孛羅所謂金磚，或當即此古磚也。

○宋元時龍泉華琉山下，有章氏造窯，出品貴重，古董行所謂哥窯器者即此。

○宣紅元末已失傳，正德中歷試復造出。[按]从此句推測宣紅蓋指宣和紅色，不是宣德。後正德紅才是宣紅，可是今世皆■傳宣德款紅器，未知孰是。宋應星說：宣紅是成器之後出火施工微炙而成，極有理。

○正德中，內使監造御器，時宣紅失傳不成，身家俱喪，一人躍入自焚，托夢他人造出，競傳窯變。

○又回青乃西域大青，美者亦名佛頭青。

○明平江伯陳某始造平底淺船，則今糧舡之制也。

○灰一分，入河沙黃土二分，用糯米羊桃藤汁和勻，輕築堅固，永不隳壞，名曰三和土。

○凡煤炭不生茂草盛木之鄉。

○皮油造燭法，起廣信郡。

○鉛山諸邑所造柬紙，全用細竹料厚質蕩成。

○四川薛濤箋，亦芙蓉皮為料煮糜，入芙蓉花末汁，或當時薛濤所指，遂留名至今。其

以上天工開物

美在色，不在質料也。

○烏金紙亦杭製成

○古書稱錫為賀者，以臨賀郡產錫最盛

○胡粉古因長韶諸郡專造，故曰韶粉。

○〔按〕明方于魯造墨精。

○〔按〕乾隆歙汪節庵造墨亦盈百名。

○神麴法起於唐。

○〔按〕李白桃花潭詩所贈汪倫者，村人汪倫所造酒能手，常自造美酒以飲李白。

○所謂藍田，即蔥嶺後出玉之別地名，而後世誤以為西安之藍田也。

○洪範云，稼穡作甘。

○喬力革（番语）唐末始自西域傳來。

○秋羅法起近代。

以上諸條应入攷工记匠中，误列於此，尚未校録附为歸併之。此皆浮记，粗糙不堪，而且體例未定。我想集録古代工匠名字和他的創作，以免湮没無聞，一地的出名工藝也可列入。因為過去工匠名字實在不易得，傳说乾隆玉工琢一煙嘴，值例不能受名，他把名字终於刻在煙嘴裏面，终于記出這件艺術品是谁制作的。天工開物记正德时工人制宣红故事，也極悲壯，可寫為戲。改死要為犠牲自己以助同伴造成，又可感人。實在無是如此，並非擅改。

一種工藝創始在什麼時候也應記下或者是最盛
最後的也應記下。
是否仿夢溪前例，屬於雜記的，也記入。
○泰和通寶史無記，我見一錯金大錢，定偽。

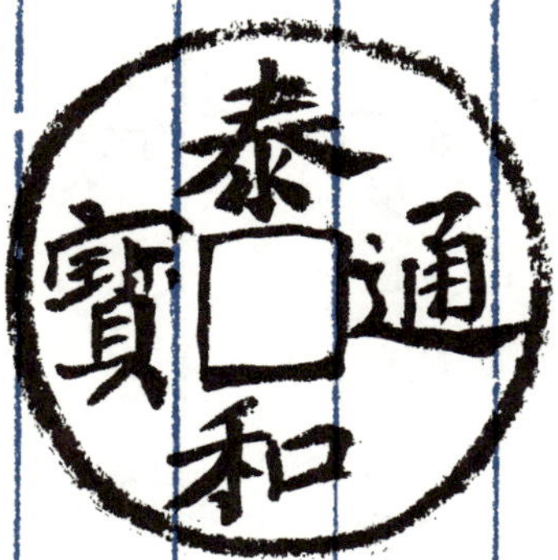

彭信威中國貨幣史祗錄大定，阜昌，正隆，篆
書泰和四品，極有見地。

○祁氏吉金録有一刀足幣，化文作：

非

禾 乂

舊釋北屈。〔按〕右為化字，左為夅。下作止

乂 還很清楚。

○右天德通寶平錢，通寶二字仿開元，天字与天策府符寶同。是王審知據閩所造錢。与馬殷相先後，馬王皆十世紀初葉王國，故剩錢極相通，皆襲唐制。今丁

谱無平钱，而有大钱三種，字皆以意為之，信為偽矣。

○又一枚天贊通宝 天在穿上，贊在穿下。通宝二字近崇寧瘦金撻，此钱制造甚精，铜質古雅，但恐偽無疑。因為天贊為九廿二年，崇寧為紀元一一○二年，瘦金撻祇有在趙家開始的。从字撻来看，唐宋元是很再清楚不過的。所以也可證明這錢制作雖精，也掩蓋不住它是仿製的。

○我也有一枚如戴醇士所說的大開元紅铜錢，不像偽造的，疑莫能名明。

○西部共足幣較漁陽等部精細，銅質也好。像紋極清楚。時間為較前。

○佚名古泉搨本鈔本謂：「彙載司馬温公潛虛以丨‖川‖‖乂丅丌𠀁𠕁代一至九字，今世所謂歸𤥇者。一二三皆古法。四以下有變，更莽布六七八九作丅丌𠀁𠕁，是潛■虛字漢時已有之。溫公為有所本也。」異處古色布背文記數與背是列國已有之，又不自漢始也。〔魏〕譜盡實偽書。

○鬼臉錢有齊朱字樣，又有哭介字樣，空首布有帶朱字者，圜首圜足布，亦有帶朱字者，恐和前者有些關係。那裡閱字布等，有哭介器物和從者有些關係。

○又一種舊釋垂者，其式製當與匽金同一系統，作∩形。

○大代晖福寺太和十二年碑

内有「圖像以之而玄坎屏有以殊致道以滋焉」的句子。

圖像即圗像。

又有「用能慈湖流於當時惠慶光於曠劫」的句子。

「紹灵鷲於溥天慕祇洹於振旦」

「熟能……」孰作熟

懿作懿

贊作賛

冉作冄

勤作勲

憑作凴

冥作[illegible]

浮圖作佛圖

舡作區

銜衍 或即野字

構作構

壯作庄

冲作沖

徑作俓

○明道二年歲在癸（？）酉亥月甲午朔十一日

甲辰建 皇宋榷鹽商鎮張 仲撰。

「罷搉權之法，於入官之直，止取其□餘之羨，剩歸於

民間。……非專利於□而與民共其利」。

○正園昂■宋 小蓮藏，戴醇書，是款字，寫隨根

清异录卷下：上饶葛溪铁精而工细，剪刀皆交股屈环，遇物如风，经年不营，下鑿字曰二仪刀。

肯工夫。又见钱梅溪仿苏米二小幅。又见姜宸英一小中堂，係剪贴者。

○汉武荣碑云：君讳荣，字含和，治鲁诗经。

○唐绢彩绘女娲伏羲象，上绘三足乌，下绘兔蟾蜍。女娲手持剪为最富特徵的地方。新疆出。

○毕沅刊校墨子为道藏本，王国维云是宋本，但王未见是道藏本。■

○大雅斋瓷是光绪初叶仿康熙时代造的，黄绿地，■花纹多以缕文句出。光绪在瑆和居书[illegible]时曾造一批瓷器，下款题瑆和殿的，就是大雅斋瓷。

○又明■德化窑瓷，下款有"尊古从简"款，尚存仿宣德的意思，款文極別緻，不易認识。瓷胎極厚，但向太陽就■透明。

○又窯変不始於明，以天之開物所說，為在唐宋之間就有了。我曾見一瓶，亞羅遮當是■宋瓶，即作窯変色，極佳。但有意識的來做，即能控制燒料，為在明、

○桂林陳賡虞（虞）作信箋，極有風格，很富地方色彩。又名陳瀛深。可惜沒有人說到他，遂使湮沒無聞。不知他還有其他作品否？查清代畫家，他是裏面最沒有模仿的老套，而最有創造性的一個。

○又公園有唐花塢，很多人都不明白是什麼意思。按唐花即暖房花，唐時勝有，所以又專稱暖室花，叫唐花塢。或說天氣冷，一夜花開「莫待曉風吹」，即唐花也！

周礼天府：凡官府卿州及都鄙之治中。鄭注：治中謂其治職簿書之要。是謂簿書為中。

○陳章廣州丁簪園太好了。後綴以楓樹尤佳、

○宋元紙皆低維極軟者，亦有麻紙、元唐則有黄表紙，其不经烘錘者即是紙也。

○易繫辭：方以類聚，物以群分。方物对举。方意當擇族類。

○彬國恩林之弹概論未列陳実評本。

○楊慎芸林伐山以為李長吉只有字歌：檣檣銀绝摇白馬，傳粉女郎大旗下，以此証貂蟬或有其人。不知傳粉女郎即指呂布也。

○楊慎训天生巫三巫为麻

○我認中即册之省，史以手持中，即持册也。册又省為中，又以中间丨概其餘，故繁乱為中。

𣏟 師寰簋　冊 頌鼎　冊 師奎父鼎　典

克簋借典為冊。古冊作中，是極自然的事，有人以為丨為矢，○為簡，是中的簡的意思，不对。散盤的中從㗊，也是治中的意思，罣字獄之事即也，即獄之中也。

○漢故循吏聞熹長韓仁銘：「任作佳，以作吕，不作爪，幸作𡴘，短作挋，表作𧘝，牢作窂，隆作隆」，可以發出文字由繁到簡的鏈索。

○魏封孔羨碑，歷作歴，又有「有邈其靈，遭世霧亂」的句子，是曹植詞。

○漢李翕碑：剖作剖，符作苻，惡作悪，肅作肅，柳作栁，鄉作鄉，寡作寡，徽作徽，麋作麋，麥作麦。

○漢郭固碑：「鼎作鼎，其作其」

○漢張遷碑：「[illegible]，策作䇲，千作午，翕作翕，畫作畫，对作對，稷作稷，實作寳，憚作憚，縣作縣纏，金作金，帶作帶，[illegible]，純作純，雪作雪，不作砡，歲作𡻕。「又有『僉然同聲』」的句子。

○漢淮源廟之碑：僉歎碩茂，碩作碩。

○開元太原鐵弥勒像是房嶙妻渤海高氏書

○漢封龍山碑：岳作𡴀，犨作犫，雙作雙

○墨子，涼作清，享作亯，呼作乎，丘作𠀉，作作乍，節作卩，概作既。又有「閔鼻」今仍衍用之。

民作萌。

○金兆梓釋：封邦邑方國原為一字之变。

○李亞農釋 由盖 蔑曆作勉勵。並以曆為虛詞。蓋有金文作「王蔑又曆」者，以為𧾩讀為「王勉某焉」。如以為是虛辭，即不能釋為勵。〔按〕說文古籀補言阮元已釋為勉力。

如解為古語法，「王勉諸又其力行焉」則通。吳大澂亦以二字有不連屬者於義不可通。

〇从顧廷龍古陶文字録可以看出齊魯的陶製手工業的發達，[blacked out]而且有些當時製陶[blacked out]的規模，陶里是陶攻住的宿舍，左陶亂、右陶亂是管理陶攻的官，陶工作的里，都按干支排列，一定很多，實會是有名陶工所聚的宿舍。陶製的东西有专为貴族用的日常品，有专作祭器用的，還有作为容量的陶量。我有一張各代陶文拓本，有秦詔版，這些当然就是秦量了。陶攻可能是遷來的奴隸，有許多陶攻的名字，从疒从穿，好瘤不見說文。也可能的殘廢的奴隸的証據，待攷。陶文其中直列陶工名字的就有五十左右[blacked out]名，不知他們中當年製作優秀吧，還是为了負責的原故，尚不得而知。

○唐绢为细绢，见敦煌出土绢画。

○中国书法原無南北派之分，何绍基等人必说书分南北，而以晋为断。书法入晋，尚存八分，衛氏鍾氏王氏皆有八分之意绪，何能以此分为南派。何氏书極有工力，而必以分篆入楷，故仍未脱造作之習。

○今傳世皇甫碑皆宋以来翻刻本。何绍基跋張星伯本云：凡後来拓本漫漶之字，此本獨瘦……其綫断之際亦甚细，余以肥断之者為宋拓，不獨在高下以压損之前也。玩其語氣，仍為宋以后翻刻者，非原石原拓甚明，自不得謂之宋拓也。

■

○何氏謂書譜文刻勝安刻，甚是。余曾見原書，文刻乃其神韻，安刻或摹本耳。■有之字

搴安而誤文，是■不真也。

○古陶文拓本，前有黄晦手拓篆文印，其中有秦陶也，為不易得者。

附文

年皇帝十

詔奉

昭

陰文

下[illegible]

[illegible]肆

天下

諸侯

又有一片文作：

陰文

大品上

中為希字恐是大品社三字

又一品・時代定後：

陰文

區君

上為區，下為君

當时斉地临淄是大都會，商業輻湊，人烟稠密，手工業能有這樣大規模的■■集中，臨陳介祺書信，每得輒四五千片（帶字者），是徵之品很多，可能還外銷。可惜欽廷龍祇考文字，而没注意到它的經濟方面，將来当從這方面加以研究。

○羅振玉恒農冢墓余収有拓片，与其双鉤可印证者得十五片，此皆漢時發徒與工匠葬是地者之墓志銘，可证漢時蓋非奴隸社會，此皆由各地集中之罪犯，南北皆有，髡鉗城旦、完城旦、鬼薪、■■皆有之。是皆当时之自由民獲罪者，而由與大匠，役起陵墓者，赦為苦役。倘若是奴隸社会，則用不着經由法律手續来特模為

苦役。而無葬地，以寺志之，以俟其家人認領者，

則仍承認其為自由民之身份。

○徵氏陶録中有：

王豆城圖蕈里淳豆

王孫陳棱立事歲左里敀亳區

甘檀陳(捁)南左里敀亳區

平陵陳导丕𢆶王釜王孫口遂左口里亳

釜

(咨)二陳齎三立事左里敀亳豆

華門陳棱三左里敀亳豆

鐘乃大矣，則未之見。

右南高遷辛匋里佝盈

丘齊辛里云喜缶

楚城還尊里缺缶

東蒦圓里人想罍

今蒯樂作太宝墳

今作韶墳

鄒作■墳卩九成

蒯樂、太宝、墳卩九成、當為前任偽略付羅！●

陳苑舉攻粮攻手陵陳昇之事歲鄉公一兰以

為陳昇即田乞少子惠子昇與陳藕壐子禾子釜

之陳昇為人、於地名則據敆苑齊桓公之手陵記

為齊地、又記手陵戰同村猶為田氏所守、

方氏云：漢書地里志城陽國故齊文帝二年

都為國，莽曰莒陵，按此即春秋莒國故大都，

时已有城陽之名，盖於文帝之封朱虛侯之果也。

又城陽國有陽都縣，應劭曰齊人遷陽，故陽國。

又丙紀里，蓋取名之概，如曰北里、壬北里、癸疑

以方位為里之名而以干支，又或以方位冠前

以為里名，如東酷里、西酷里，又如東蔓圖里、蔓

圖南里、中蔓圖里是也。

〔攫〕（閔）有作〔侶〕遷杙（上）里郭吉、楚城遷蓴里䍃左

南城遷辛陶里佝，丘齊迁木鄗里㫗，蓴迁罚里城

㠯右叕鄙遷尚畢里季賠，郇迁戕里曼丘遷

朱遷蒔，箖郿迁戕里圭冋賠，壬口戕里口迁，王

衣左遷城圖呂里人日㫗……從以上各款來看，

秦代大迁徙，称迁虏，但如卓氏以为大诺，许多人转为钜商，其身份需仔细研究。

「陶金文字中亦有『赐冢一人』的说法，但这裏决非一人。冢象云墨下三人，三者数之义。尚不能找出即奴隶的根据。

我怀疑是迁移来的陶工专从事製陶业的。他们是奴隶呢，还是自由的工人呢？在当时的社会制度下，能容许有这样大规模的製造自由工人，即就要谈是资本主义形式了。所以我以为是奴隶。

而且有管理製陶的人，即原来所谓陶榷是也，左陶亂、右陶亂，亂通嗣，嗣司通，按这「左陶司，右陶司」也。又有左監字様，当系有右監，一是和田畯一樣是監視工人的。

又有陶里冢、坊裏冢、帶里冢、里口冢、蕈冢，城圖冢，这個「冢」字自然是陶工的混称，表示多人同製作的意思，可惜当时工人的数目無從攷得。

其落款也有多带艺术的设计，如作花押者

契文雚凹作 𧆛 𧇽 說文 雚凹鳴 雚 舊 𦾔 也从雚凹声或作䳕

自然不用說了。如鄺字作之

陰字圖內不作田而以㽞文示之，即藝術之表現也。

此為最顯出之例證。

又舊釋酷 酷 酷 者釋酤，不从告。舊釋𨠰

九酉，今者釋舍酉或釋酌，我以為釋酌較勝。此

為象形以勺入酉狀。

又舊不[redacted]識，鑴，我看恐怕是鑄之異字。此

鑵从凹从金，若即雚凹字加金為鑵。雚声，即儔之

別體。又器 器 我以為即器字 吳 鳥 即 [redacted] 之變形 㗊

象物、器為器之省文。左匋觚鑴 器 器 鉥。之後

從左關㡀鑄之𦉜鉢。⿱从二止，即之之別體。

又𠷎，我以為即𡭪字之花體。即當齊里，亦是上即齊里。未知是否。吳大澂釋思。

又無名氏拓本，有作：

[illegible]

[illegible]

[illegible]

[illegible]

按㕧亦為之字別書，等於㕧，[illegible]即紹字。左从糸作𢆶即得。

又居[illegible]釋啟，無名氏拓本作㕧，我以為也是攻之別體。

徵氏旬保中，王孫陳棱立事，事即使，王孫陳棱初立始使之意也。下一歲字，無名聯上讀，不得其解。或

即如某某歲之事之有文字，固為陶並亦有作陶剃
之年代者，如廿年，廿二年（五月）等，存疑待攷。下左里攻亳
區，即左里工亳（人名）作區。
○漢書南夷傳六十五巴蜀商賈，取其筰馬
僰僮、旄牛以此巴蜀殷富。僰僮，即販賣僰人
僮隸之■事，可證漢時猶有販賣奴隸者。
○嘉量傳作斛，頒作斑。
○漢韓產私印，韓从[illegible]从禾不从韋。
○街上雜技表演者說：稱錘雖小，能壓千金；胡
椒不大，能辣人心。壓與辣亦為韻。又街上小朋友跳繩
在九六喫飯，即數作，九十六，九十七，七七七（五八），八八八（九十九），九七九（一百）
八，一百一。既多變化又叶韻，可見諺言有它自然

契文工作 □

□

的規律性。

○積古斋「漢斗检封」有「官建平、鼓鑄為口」八字。可证漢已有鼓風爐。

○□即孫之異文。□即■懸字。□□即攻字。

□恐亦工字。□即從字。□古文即長字。下■从止。

□与□應為一字。■

□亦當為攻字。□應為造字。告聲。

□□即听字。□也是听字。□象耳。听聖一字。

□和□當是一字。■是髮字。从犮。说文□从犮聲。□或从首。又说髮長■髮犮、犮犮也。

以上诸字皆見说文古籀補附録。過去都不認识。

又□□即保字。

止象趾，作象踵。

阮元頗疑散盤末行之「字作字」，細辨此字當是「足」字，並不是止字。他又說薛書司寇匜方寶甗「作」字並作「止」。契文止足作 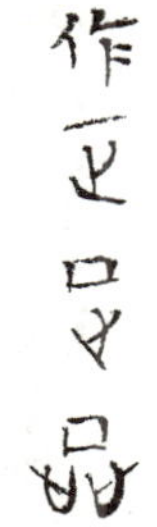 ，作則為 。我頗疑作字象足踵，就是最早的足字，足作音同，假以為「作」。後來与足字分為二字，不知是否？金文有作足讀文，可能就是作字。又散盤  吳大澂疑是■掌，我疑是手，即古守字。

○積古齋卷內合舊釋內向，應釋內宮。

○表异錄：詩鞗革有鶬注金飾貌，今之金有名戧金者本此。

又蜀都賦藏鏹巨萬鈲摫注：裁木為器曰鈲，裂帛為衣曰摫。

北史斛律金以屋角志金字。陸渭南詩丞簡明金字
溪流作縠文用此事也。
梁简文帝观灯赋曰：南油俱满，西漆争燃，苏徵安息，
蠟出龍川。
北魏元雜羹云，醯也，天藏也，宋人乃云私茶私茶以笑
藏月圓為对本比
慧日至夾山，夾山問云：甚處人同行？云有個木上坐，杖也。
典術曰：堯時天降精於庭為韭，感百陰為菖蒲，呂覽菖
蒲亦名堯韭。唐詩閒有堯時韭。山餘高日朴。
○慧琳音義：𣪊眀音口江反，下洛管反。卵古文作卝
或作𠦁篆形。與郭璞說同。又姊妹。白虎通：姊者恣也，妹
者末也。墨子第末之䥆，于釋姊妹，第或姊之譌，此可為佐証。

（續）

日知日録第七

日知日录　第七册

日知日録第七

曹京平

劉夢吉詩

郝居雍詩

鄰翁走相報，隔窗呼我起。數日不見山，今朝翠如洗。

牡丹

世变日以文，花卉亦应尔。懸知太古時，其美未如此。

九日九飲九首

一飲君聽第一歌，知誰此際見天知，醉鄉開物工夫密，春意空濛爲未多。

觀梅有感

東風吹落殘塵沙，夢想西湖處士家，只恐江南春意減，此心元不爲梅花。

手抄本有批云，傷宋也，含情無限，議渡江賦者皆不知此。

書事又一首

當年一線魏瓠穿，直到橫流破國年，卅卅陵全陵誰種下，天津橋畔聽啼鵑。

臥榻而今又屬誰，江南回首見旌旗，路人遙指降王道，好似周家七歲兒。

朱張遺学有經綸，不是請談誤世人，白首歸來曾同館，儒冠爭看宋師臣。

風節南朝苦不伸，汴流直要到崑崙，世宗一死千年久，此是黄河最上津。

唱徹芙蓉花正開，新聲又听採茶哀，秋風落葉踏歌起，已覺江南換帝來。

感秋　思古人之不可見也

湘絃悠悠阻清音，駕馬車欲往洛水深，白榆一葉驚河漢，萬里碧宵中夜心。玉鳥翩翩紛翠羽，髣髴機絲隔煙霧。瑤枝难得芳華年，唯恐流光兩度暮。河傍有星名牽牛，此星既出令人愁，明朝再見明河影，已隔人間萬古秋。

宋理宗書宮扇

杭州宮扇二好事者得之燕市，一面雪衣從舟，一畫二色菊，理宗題其背，有無盡冬為期晚節香宛之句，諸公賦詩，余亦同作

天津月明啼杜鵑，梁園春色凝宮煙。傷心莫說靖康前，吳山又到繁華年。繁華幾時春色換，千秋萬古合歡扇。銅雀香消見墨痕，秋去秋來坐恩怨。一声白雁更秋風，冠蓋散為煙霧空。百錢韈錦天留在，裯胎要鑑驪山宮。當時夢裡金銀闕，百尺樓前無六月。瓊枝秀發後庭春，珠簾晴捲天門雪。悼歌一曲向此雲秋，不覺金人淚暗流。乾坤坐許青城月，扇影

無情也解愁五雲回首燕山北，燕山雪花大如席，雪花漫漫冰峨峨，大風起兮奈尔何！

宋理（高）宗題李唐秋江圖

秋江吞天雲拍水，詩借西風扶不起。斷雲分入江村，回首龍沙幾千里。潑丁老筆搖江聲，髣髴阿唐慘淡情，千秋萬古青山恨不見歸舟一葉橫。

宋理宗緝熙硯

使君持送緝熙硯，提音才到中山人，四十三年如電抹，此硯曾經秋復春。宋奠經筵勸講臣，詩酒宮中樂事新。文章只數天中月，萬卷何曾筆有神。

美人

美人娟娟秋水隔，煙霧深沉蒙玉質。目送情波去不歸，遥山祇有行雲碧。◎日暮心悠哉，窗前夜梅花開，平生自信心如鐵，一寸相思一寸灰。

得元劉夢吉抄本詩集，詩做得很好，可惜太少了，不知還有全的沒有。劉夢吉至元朝不仕，是個有民族意識的愛國詩人，可惜人提到他的很少，應該好好的加以研究。又見縮印黄丕烈元槧本無斉。

顧寧人日知錄中曾引劉夢吉一條。

寓意：萬物陳欹析，中有天地留一元，當万古生生意誰能也。

題歲寒亭：要知松柏心，亦願濯南薰。交枝樊影蔥蒨喜與萬木同華，當此搖落中，勁節獨排云，雖得後凋名，寧非所欣。

對床夜語

七哀詩子建云君行踰十年，孤妾常獨棲，怨遊子之未返也。王仲宣云路有飢婦人，抱子棄草間，嘆時世之喪亂也。張孟陽云毀壞過一抔，便房啟幽户，傷漢陵之發掘也。又白露中夜結，木落何蕭森，慨秋氣之可悲也。哀之雖同，而意各異。

子建云明月照高樓……結句云願為西南風，長逝入君懷，君懷良不開，賤妾當何依，解說者謂哀叶於希反……叶胡威反……細哀乃一韻耳……今懷無一韻也……蓋古未拘音韻，亦文他聲者無妄疑焉，若魏文帝漫漫秋夜長，皆押十陽，獨一句云三五正縱橫，又阮籍登高臨四野，皆押七歌，獨一句

尝復嘆恣嗟、

魏文帝西北有浮云……子建转蓬離本根……此於句换說之始。

古塘上曲……或謂甄后作，殆即是也。陸士衡云男權智傾愚，

則為甄后作無疑矣。

子建诗：朱華冒綠池。古人雖不乎字面上着工，然冒字殆獨。

左太冲：冠蓋蔭四術，朱輪竟長衢。

舊里多青草，新知尽白頭。寫時间的倏忽，好。

蘇渙有変律詩二首，其二云：養蚕為素絲，葉盡蚕不老。傾筐對空林，此意向誰道。一女不得織，萬夫受其寒。一夫不得意，四海行路難。言语如此，則渙亦非常之盗也。

○後汉紀：晋東陽太守袁宏謂：予嘗讀後汉

書煩穢雜亂，睡而不能竟也。【按】言使人昏昏入睡，不能卒讀也。又謂：其所綴會漢紀、謝承書、司馬彪書、華嶠書、謝沈書、漢山陽公記、漢靈、獻起居注、漢名臣奏，旁及諸郡耆舊先賢傳凡數百卷，前史闕略，多不次叙，錯謬同異，誰使正之，經營八年，疲而不能定。○頗有傳者，始見張璠所撰書，其言漢末之事，差詳，故復探而益之。【按】由此可見史記稱太史公書，有由來矣。又此紀當成在張璠書後，則前所謂後漢書，不知何指也。

○文選卷四十任彥昇奏彈劉整一首中有賣奴事甚詳

○鴛鴦可能是我妹二字孳乳而來的，待攷詳，彭于也。

荀子

○順墨而精雜汙 舊釋慎墨，謂慎到墨翟之學非是。按即繩墨而精雜汙，它的句法和程役而不錄相同。

○倚魋 舊釋大或狂行非是，即崎隗，即崎嶇

○供翼 舊釋非是。按即歙翼之謂，與俯項對舉可知，供通拱。

○餘刀布有囷窌

卷三

○雨霾瀌瀌，宴然聿消，今詩作見晛曰消，非是。○雨與霾俱，不必見日，即宴然消矣。

○類不悖雖久同理

弟佗其冠即崴嵬

卷四　故曰貴名不可以比周

夫是之謂君子言有壇宇行有防表也。防表即方碑

是指絡繹也

卷五

呂音羞居犁也。是居之古義。

罔罟毒藥不入澤。可証爲明已用藥，恐即魚藤粉。

耕文

傴巫跛擊之事　擊即蹇之倭跛也，注非。

卷六

刺屮殖穀　刺絕也

以盆鼓

◎

𦣞不宛暍〻宛即宛射之宛暈也。即暈暍

其序表明注非是。即方碑

莫为之逢蒙視䀹要梡䐻君盧屋妾妝盡同霿

盧注非

卷七

而之者役夫之道墨子之说也

楊朱哭衢涂曰：「此夫過举蹞步而覺跌千

里者夫」！哀哭之！

卷十一

人之所惡何也曰汙漫争奪貪利是也。人之所好者何

也曰禮義辭讓忠信是也

陶涎比周

劉其脛

積微月不勝日，時不勝月，歲不勝時

雩而雨……猶不雩而雨也……文之也……以為文則吉，以為神則凶也。

卷十三

猶傴巫跛匡大自以為有知也 注匡讀為尪……王制篇擊之如匡，與此同。按前有傴巫跛蹇，注曰蹇讀如覡。匡與蹇應為一字。說文：尪，曲脛人也，烏荒切，陽韻。尢，篆文。從大尢，𡯁也，曲脛也。按：𡯁，說文繫傳作跛。𡯁，說文補火切，哿韻，蹇也。按玉篇云「今為跛」，則匡即尢，尢即跛，亦即蹇也。禮記：吾欲暴尪而奚若。言世俗

卷十二

琅玕龍蘇華觀以爲寶

列女傳琅玕龍疏翡翠珠璣莫落連飾萬民疲

極此二語也疑龍蘇即龍疏……曹大家亦不解

亂今享葬故相也亂當爲嗣

今時俗儒相徒四言偷而不鬭者

藉靡舌縪 莊爲不詳音當即銛也

卷十三

疏房檖貌 按此言飾檖也貌飾也

臧穀樝且以爲之

羽菨菨 注當爲蔞翣 鄭康成曰蔞翣棺之牆飾也

故三月之葬其貌以生設飾死者也

越席 交也 席之交席 言其寬大 古以席量屋。

蒲因注非是

類而不功，即賸而不盡同義，作個樣飾，文也。謂之。

卷十四

單瓠鉄鉞者先其形以飾然也

工入四升歌三終主人獻之

其送死瘠墨，卷十三附生刻死謂之墨

心臥則夢偷注臥寢也

卷十五

故曰可欲而可使墨云形可使欲而使詘申心不可欲而使易意（詘同屈）

按墨塞也，口塞而啞。後默然不語是其遺意

有子惡臥而焠掌。按臥古睡字也。

蹞步注同跬步

故已以正為御故傷放淫。正事即御事。舊注非是。

鼓痺 按必當時治痺之法。

詩云、、墨以為明狐狸以而蒼 宋刻本作其、按作

其是 言狐色変為蒼也。

卷十六

瘚養良滄熱滑鈹輕重以形體異。舊注非是。瘚，病也。

養無病也。滄即古凔字。墨子作清，青倉皆音。鈹

即古皺字。通錯通皺。金、軍皆白音。

非而謁榼有牛馬非馬也 出于墨子

累而戒文名之麗也

説不行說白道而冥窮。冥而窮即冥搜之意

忌諱不私

吐而不奪，吐讓也，不據爲己有也，前家說吐茹采

（四）可正，注非是

待日長夜漫兮思（永）蹇兮大古之不慢兮禮義之不愆兮

何坻人之言兮

易音交易也

屋室盧廡葭（萼）萲尚机筵而可以養形，屋室

盧廡葭，句；葦葉尚机筵，句；按廡葭即葭廡之謂

尚即當，舊釋非是

卷十七

旁魄而無用

此段復夫之句也，兵畏非樂生者

繁弱鉅黍皆以良弓名

卷六

墨術行治之經禮与刑君子以脩百姓寧〻明德慎罰

國家既治四海平

獨鹿与屬鏤同

吏將謹之無鈹滑

賦

爰有大物爰始也

曾不崇晝〻即崇朝

而占之五泰

盈乎大寓

身女好而頭馬首

閭娵子奢 崔氏注非 子都子奢 都與奢皆者聲 故可

通假

水行者表深 使人無陷 治民者表亂 使人無失 禮者其表也 先王以禮表天下之亂 今廢禮者 是去表也

知之壁井里之厭也 晏子春秋作困 說文壓門梱也

子贛季路 故鄙人也

藍蒀路作 即篳路藍縷之意 荀子所謂役夫之道

卷廿 忠誠盛於內 賁於外 注非 賁即奔

中藹之言也 注與仲虺同

子貢問於孔子曰 賜為人下而未知也 原注非是 此言賜自言不知人 而甘居人下 猶未近於知也 故孔子言為下人者其猶土也

向言、孟子者亦大儒，以人之性善，孫卿後孟子百年
可見孟子當時尚未以及孔孟並也
堅白異同晏子之言　梁注案史記作劉子言徐廣
曰歷忠助氏姓疑直云晏子
卷十九　兩漢故陪

陵然大夫即計然，姓辛氏（字文子）名研，辛与慶
音近，以君計寿山得名。注：張氏以為即大夫種。
卷十九　曾子食魚有餘，曰泔之。門人曰泔之傷人，不如奧
之。曾子泣涕曰有異心乎哉，傷其（前）心之晚也。舊不詳。泔即
混之作湯，奧即少其湯而燠之之湯也。湯寬魚則混
入而易察，故傷人，燠之湯少則易察，故不傷人。曾子

姚鼐謂奧之為
燠，而不知泔之為
泔。古不言湯
泪者，為古字，泪
止明湖，此湯蓋
一字之詭衍也

以所餘弗多，故以為泔陽，毋及傷人也。今山東以剩物混缸中，和為泔水，是其遺意。詩唐風無衣：不如子之衣，安且燠兮。傳：燠，煖也。燠之即加熱之謂歟。

卷十六　鈹即皺字。說文新附：皴，皺。疑皸之別體，或作[illegible]。

皸條：漢書趙充國傳：手足皸瘃。注：文穎曰：皸，坼裂也。玉篇作皸，居云切，足坼裂也。一切音經音義十一引通俗文：手足坼裂曰皸。此疑脫手字。現今北方方言仍用皸字。

卷九　藍苴即藍縷。按苴即芐蘆字，虞韻。爾雅釋艸：菡蘆。注作復苴艸。藍縷史記作藍蔞。按蔞音婁，虞韻，亦音縷。疏：蔞名蘆，即蒯類也。可證藍苴即藍蘆，即藍蔞，即藍縷也。路作即車，作以篳車同役也。篳膻路藍縷以開山林放問之行，墨家之知也。荀子非之，以為役夫之事，不足以言知。舊多解。

卷三它囂品舊不解。它囂是荀子所非的十二家的第一位。孔子■没後，儒分為八。荀子信子弓之儒，連孟子也非之，尤其以孟子言性善認為非。其他七家（包括子思氏之儒即孟子之儒）在他都不認為是正宗的。

我頗以為這個它囂即漆雕氏之儒。它即牠，漆即柒，音相近，雕亦作彫，與囂之音近。

它囂的解值乃荀子首先攻擊，以非這這者流

如非從這，必為孟子，必為孟子必有係傳。荀子非他縱性情，安恣睢，禽獸之行，不足以合文通治。

漆雕即為孟子，韓子顯學篇：漆雕之議不色撓，不目逃，行曲則違于臧獲，行直則怒於諸侯，世主以為廉而禮之。羅注廉為廉隅廉隅是。

又論衡引漆雕開性有善有惡一語，這正是荀子的對頭。縱性情，即行直則怒于諸侯的意思，這正是荀子所反對的。荀子是不敢上干諸侯的。安恣睢即行曲違於臧獲，也是荀子所反對的。此句舊釋（羅居丹）謂己之行事不直，雖敬人為臧獲，亦違而去之，非是。此句與行直則怒于諸侯是對句。行直是行公之事，行曲是行私之事，曲直皆在于我，行私則違其直（公）而牟利，臧獲，大昨壹錢賣是的句子。臧獲在也不是俘虜的意思，這大有驅馬追騎，泛五湖邊的海的作風，和安恣睢之合，這是儒家一派，所以荀子盲非之。

充閭稱"然荀卿略將聖之心"，劉宝楠論語正義云"將聖謂大聖也"，其釋甚是，而未道其義。將與壯同字，[illegible]。壯，大也，故可釋為大聖。

又，陳仲決非安恣睢者，故安恣睢一詞直非它囂以蓄也。但陳仲不食兄之祿且負石以沉，以荀子觀之，是則任性矯者也。它囂以與陳仲並舉，蓋可證它囂即漆彫，因陳仲在儒家眼中為廉為勇，而漆彫無為廉為之勇也。而以荀子之尺量之的舍弃之行为。荀况是就他的看法观察一切的，他对微管仲吾其披发而左衽矣的管仲，称为野人，和这道理是一样的。

汉刘校荀子新书

干越夷貉之子劝学 按刘端临王念孙谓干越即吴越是也。干字亦作邗，邗字见于清人刘家氏所藏之邗王壶，其铭曰：禺邗王于黄池，为赵孟庎，邗王之惖金，台为祠器。计十九字。黄古黄字，亦见于强仲簠，庎即介字。赵孟即赵鞅，邗王即吴王夫差。左哀十三年传，夏，公会单平公晋定公吴王夫差于黄池。据此可知邗王即吴王，尤可证成刘王二氏说。

近期考古通讯有浙江出土吕芊戈，有人说以

古越文化求证越之命意

◎絲 吾既有此内美兮，又重之以脩能。陳昌齊曰能古音本在之咍部，向受漢書郭杜孔張傳贊所謂明於輣，劉勰文心雕龍所謂恒朋騰，而後人以不讀，今古讀異。

○隱有萇楚，猗儺其枝。猗儺即阿那，可证「那」与「儺」可通假。

○「鴟鴞」是模仿鳥語來擴激的，說出一句佳的心中話，箋說是周公反亂非是。有工夫可譯成今語。

○隋有太僕卿元公夫人姬氏墓志，大典巢出土的，與「遼」字又「貴」曲公子「作」貴遊公子。

苏秋亭文 可参考

○旦 璇玑自今多人作它以科学的解释，我以为旦是织锦机的机轴的横切面，是生产的象征。天孙织云，一日七襄，所以用他来象天，因为天是由云铺成的。璇玑就是织女的织机。此解不知对不对。

○文学年表不载传係庙碑记，王延寿延熹六年正月作。

○三星在谈指心宿，指仲春，为郑氏注。

○后汉纪卷一王莽变夏斩人 此天亡之时，可证汉祇有秋季行大刑。

○国语鸑鷟鸣于岐山，凤之别名无需要连付

○后汉书郑玄传 应劭对玄称自故太山太守可证故非故吏之谓。

○董仲舒以為政令不合，宜改絃更張，見漢書。

○傅鶉觚集：故吳之風俗，相驅以急，言論剌彈射，以刻薄相尚。居三年之喪者，往往有致毀以死，諸葛患之，著正交之論。雖不可以經訓整亂，蓋亦救時之作也。

◎思玄賦：漱飛泉之瀝液兮，咀不菌之流英，翾鳥舉而魚躍兮，將往走乎八荒。英与荒為韻，可証黃英為一字。

○我國策就是長短書，長是有利，短是有害。現在說評書的尚說，說短道長。

○天地四方曰宇，古往今來曰宙，初見尸子，世説排調篇引。

○日五色，覽見尸子，御覽三引。

○淳于髡說騶忌子「豨膏棘軸，所以為滑也，然而不能運方穿」。「弓膠昔幹，所以為合也，然而不能傅合疏罅」。

○史記平津侯主父列傳引司馬法：「國雖大，好戰必亡；天下雖平，忘戰必危」。「凡五兵，長以衛短，短以救長」。

○辛恐即槌字，即槌髻之槌，象形為辛狀

◎爾雅漢注：「星紀斗牽牛也，玄枵虛也」。孫曰星紀日月五星之所終始也，故謂之星紀，虛在正北，北方色黑，故曰玄枵。枵言耗，耗者虛之意也。注略

何鼓謂之牽牛

李曰河鼓牽牛皆二十八宿名也

孫曰：河鼓之旗，十二星在牽牛之北，故或名河鼓為牽牛也。

○古詩：四五蟾兔缺。蟾即蟾蜍，兔即兔，都指月亮。

蔡曰注以蟾諸与兔，然蟾与古同古字通，不知何意。

○平帝之號之秦為公之見文子季表。

○國三晉羊舌肸聘于周，發幣于大夫及單靖公，注：發

幣禮，致幣于周大夫，次及靖公。靖公享之，儉而靜敬。

又周景王二十年將鑄大錢，單穆公曰：不可。

又：我姬氏出自天黿，及析木者，有建星及牽牛焉。

則我皇妣大姜之姪伯陵之後，逢公之所憑神也。

國六：負任擔荷，服牛軺馬，以周四方。

管子于是制國以為二十一鄉，注：二千家為一鄉。工

商之鄉六，國子帥五鄉焉，高子帥五鄉焉。

正月之朝鄉長後事
又：陶陰【按】今有陶陰幣。
又：又天下諸侯四屬馬以為幣【按】
圖二十一 皇天后土四御地主正之是為地券之古記載。
〇墨子卷之四引大東詩曰周詩
〇非攻鏡于水而話鏡臨古同。
卷之七番才之士
公上歸人以為春酋
卷之十三長松文梓
匈奴不內紙本二十二
卷之八 劉住人西湖叢异志。
礼記
卷之七 巫馬疏誤，實即馬醫之謂。

○卥为棲之本字，假为西。

○[illegible]疑为落之本字。

○玄与縣通。天通玄，玄通縣。

○張衡云：水精为漢，可證古以天漢为水精也。

○方言注：商，坏旦，亦为春

○季氏第十六，齐景公有馬千駟

○宜与且同音，俎与作同音

○古詩十九首：牽牛不負軛

○喜 吉同字

○瓬 金文父癸卣作[illegible]，瓬它人鼎作[illegible]

○運開樓蔡昂毀盈是[illegible]昂將狗吊起而奔之之意，是象形字。

○强氏以为皁草早皆从甲，亦是。

○⿺走散即散字，强氏以为是汕字误。

○⿺走敖即走之繁文，强氏以为是[illegible]字误。

林逋無妻無子見於聖俞，文林与可自稱爲其七世孫，為人嘲之。二者都為多事。

盤庚下篇：今予其敷心腹腎腸，很可能与女媧傳說有關。

運任一直無人道及

〇得曹叄墓志銘說銘在歲次甲寅，可見著歷代名人年譜說他卒于辛亥八月。碑可訂其誤。

○巴士洛夫所發現之真理早已有人發現，但不完全，並且沒有迅識重視，而作其他解釋，而巴氏堅持二五實驗才（使[illegible]也）。取它向字在倫敦安人，嘉靖進士，与張居正同時人，作權子，亂撞鐘條，乃標明條件反射作用者。英格蘭人馬瓦斯勒於一八五八年（想到生存競爭、適者生存的學說）作生物進化論首先寄給達爾文（見瓦氏之《我之生活》二一二頁）。達爾文亦同時發現此理論，並研究（連續工作）達二十年之久，自一八四四年又復觀察十五年之久。瓦勒斯稱謂二人之書其論相同，但其價值可于十五年与三日之比例中求之。達爾文年逾五十始于一八五九年十一月發表其巨著，百五十至七十三歲向科學補充之。在四十五歲以前以自己教育之，而作補課工作。我現在正宜加緊做補課工作！！

○趙景深《小說閒話》八仙得道的出處，鐵拐李說元曲《鐵拐李》「岳壽、誰想你渾家將你屍骸燒化了，我如今着你借屍還魂」，《潛確類書》則以為其徒六日化之。

○方言籃，古音倉，粹也。

○太史公牛馬走這与一直都把走字解釋為僕的用義字。實在是不恰當的，是服說。君子為猿隹，小人為虫沙，是無飛騰，蟲無轉蠕於地。漢时君臣对以君王為高枝並開之花，臣下為因風落在溷之泥，就是以高下來相寓。張平子西京賦上無逸飛，下無遺走，就是飛走之對舉，走是指走獸而言。太史公牛馬走乃太史公自哀自卑之詞。言自与飛騰天際者迥異，乃倚于牛馬之數，伏走于地下耳。這可以證明走就是指的是獸來說的，因此可以證明，墨子大取篇所謂如獵鼠之的意思，就是指求知求真理，如獵人到林中一般，不使走獸脫遺，隨时隨地，都可以有所獲才是。

◎風俗通曰黄帝書上古時有神荼鬱壘昆弟二人性能執鬼度朔山上有桃樹下常簡閱百鬼鬼無道理者神荼与鬱壘持以葦索執以飼虎是故縣官常以臘除夕飾桃人垂葦索畫虎于門以禦凶也。張平子東京賦：度朔作梗守以鬱壘神荼副焉對操索葦目察區陬司執遺鬼　又説侲子萬童丹首玄製

○孔子家語：季康子問於孔子曰今周十二月夏之十月而猶有螽何也孔子對曰丘聞之火伏而後蟄者畢今火猶西流司歷過也季康子曰所失者幾月也孔子曰於夏十月火既沒今火見再失閏也。

山海經有積石之山，禹所積石，積石即石的崇拜，印度很多。中國古代泰山非一處，泰山即石的性崇拜，現在考古工作者在福建找到三石説是與印度有關，這也可以不知印度有關。華山嶼嶼亦是積石，這故事起源極早，後演變為梁祝，而梁祝即梁且亦即狂旦，亦即蘇堂。狂即張平子東京賦中之「狂」雕一種，不是形容詞。

禱于泰山而得子，也是性崇拜。據史記記載，民族都來朝拜它，有記載的多不可數，有名的七十二。它們恐亦有在自己封地搭山而封者，也有立石或積石為之者，這種社稷宅做泰山石，是代替泰山的，所以說敢當，敢當與不敢當，都是漢人口氣，這一定發生在秦漢之際。

○鮑參軍集代淮南王云：好長生，服食鍊氣讀仙經，琉璃作盌牙作盤，金鼎玉匕合神丹，合神戲紫房，紫房綵女弄明璫，鸞歌鳳舞斷君腸。朱城九門門九閨，願逐明月入君懷，入君懷，結君佩，怨君恨君恃君愛，築城思堅劍思利，同盛同衰莫相棄。可證此中書乃方士之書。

○張平子西京賦：汁注叶也，可證此為一字。墆霓 原注：徒結切，五結切，高貌。【按】原注非是，即螮霓也，虹也。直墆霓以高居，言置螮虹以高居也。

戎葵即鐘魁（馗）

涼風肅殺，李善注禮記曰：孟秋天氣始肅，仲秋

殺氣侵芒

複陸重閣、轉石成雷。礔礰激而增響、磅磕象乎天威。

大雈蹉跎

蜀音雉 此蜀舊名釋姿娑愁妖蠱也。

東京賦邪徑捷徑去復還故曰轘轅

能奴來音耐

洪池清蘌

埸亦

鼖扶云切扉隱也音翡𤜉門儺奴何蘖魚竭栫古字

倀子萬之里丹首玄製

淩天池絕飛梁捎魑魅斮側角獝狂斬蜲蛇腦方良

初校古文苑石鼓文

騝應作騂

員員昂云無昂芸芸

員殺昂雲新

莤弓應作角弓

㞼應作函函

叚石刻作昃昂古彼字此應作彼

漁石刻已損昂古優字

澫石刻無重文應讀為「澫有小魚」為是舊

作灡二文魯非是。

帛魚即白魚可證白帛本爲一字鱳音歷即爍也。

藍 石刻作蘫即菼即北州氏之桯棵也。

鱄 應作鮁見說文

豆 石刻作䇺即肉字

神

趭 即迼

㭘 即搼葷孚亦如此作即奔字

旹 石刻作旹即時字

矨 石刻作矦从止重文疑並作疾二

遄石刻作[illegible][illegible] [illegible]應作遄

皮應作彼

陑應作阪 不作陾 昇聲

𦾔从茻昂草字

徵石刻模糊 恐作、徵應作國音

㮨石刻作格以應作格

亞昂鵾段為雁与鵝有古葉句合

所昂薪

籃石刻作籃当昂蟄

二回晉留為合文

佳應作唯

敕石作敹　肅肅亦作肅肅　敕恐重文

駕亦作駱下有字已滅　騣下有字　扯(？)下有字

○工部詩牽牛織女：牽牛出河西，織女處其東，万古永相忘，七夕誰見同。

◎杜甫負薪行：夔州處女髮半華，四十五十無夫家，更遭喪亂嫁不售，一生抱恨堪咨嗟。

○文即鱗之本字，文魚即鱗魚。

○李洞元謁李陽冰先塋記為重摹三墳記而原石僅存者。

○堅瓠公辛二卷云北方多一白炭乃今所燒之煤是也但
宜聞東坡初到京師作石炭行有豈料山中有遺寶磊落
如䃜萬車炭句言以冶鐵作兵至甚精不言指于何附
按前漢地理志豫章郡出石可燃爲薪隋王劭論火
事中始言炭字皆以爲用已久南方多草木用木炭蜀
又有竹炭燒巨竹爲之易然無烟且耐久陳無已托還務
宜更以山炭今之人謂之麩炭白香山詩日暮半爐麩炭
火宋人詩一爐麩炭火初燼紛麩炭二字非俗語也
○又庚二卷三五月菊條康熙壬申夏黃菊盛開
詩爲序菊考容齋隨筆載桐城朱新仲翌五月菊
詞云花意金英翠對炎天金似去年香有意莊嚴端
午不妄忘鄉重陽菖蒲九節金英滿把同泛瑤觴

舊日東籬陶令宅，西窗高臥羲皇[陵山堂作 依山詞]。又詩益嘉話載趙伯琳詩爲擇陶令醉來律，屈原不醒陳白沙集有五月菊二絕，五月菊三絕，農丈人集有六月菊云：惟梳新城有之，故之菊譜不獨新城有也。可證古時園藝已使秋菊開於春夏，不待今日也。唐花即以人工使之開放之謂，或曰天令與花同時開放，即唐花也。據云牡丹開遲，報日被熙之，堂近陽，未知菊花猶有否？酉陽雜俎草篇：今無娩俠牡丹變色花者訢條。

○墓表即墓碑，表从拜得音。弘始四年十二月乙未朔廿七日辛酉秦故遼東太守略陽呂憲葬於常安北陵去城廿里，上立碑，前面即題墓表二字。

○東州艸堂金石跋言趙君碑不經見蓋百已毀 恭作恭 祂作䄠 優作優 遷作遷 此作此 戚作戚

○昆旻靈區邇皆象形 慕作慕 易作易 翁作翁 荊作荊 花作花 末年歲次等字則全與今時真草字無異。

○天下大將軍與陰陽神之關係宜注意。

○莊子人間世篇一而疆以仁義繩墨之言，術暴人之前者，是以人惡有其美也。

○嚴子陵本姓莊，避顯宗諱改。

○資州鑫李字除菓名地名人姓之外更無他訓又也杜預注左傳不研窮理意謂行李使人也故今見遠行求去謂之行李

〇王瑶肥度李白父為大賈。一妻弟姓宗姓，

以烏江為潯陽江。

〇簷辭什記乾隆六年揚州王張氏代夫入闈為夫弟

嵩許夫被斥張遣戍，初擬去辭出許嗣茅姓為筆讀·

〇同上：清補服紕仍明洪武定制而稍變耳、

〇北京許多胡同名稱仍明之舊四廿兩即近事從殘

中也廿兩·

〇簷辭載邵青門與楊靜山書引元時每人以田為

畀一刻·

資暇錄（罡敎筆引）又云：按古文使字作岑，岑字與李相似，傳寫之誤爾·

愚按古文李理二字通用。左傳三十年行李之往來供其乏

困襄八年亦不使一介行李告于寡人用此李字昭十三年行

桂林巫舞之歌
词而为我剧之雏形，
其词之九歌有是
舞剧之歌词，桂林
巫舞借古武剧

理之命無月不至。國語行理以節逆之。用此理字。騎官
左傳曰理，史官记天官書曰熒惑為李，徐廣註云外則理
兵，內則理政。又黄帝有李法一篇，顏師古曰李者法官之
號，總兵刑，故名李法。北史敘傳李氏先為赶之理官，因為
氏。改政曰李，官子書大理皆作李。

○盐谷温元曲概論第三章言猿樂（日本劇
之一種）即元劇之殘。我以為猿与猱為同字之衍。
盐谷為彼國的漢學家，亦受其是帝國主義的御
用文人，是想用元曲來證明中國國民性是中和
的，以施行其日本帝國主义的侵略的目的。

◎王國維以為戲劇起於宋元，是又有商量處去
我則歌舞劇始於殷，而歌舞由於鄭樂即帝脚舞跳
[illegible]古的形由[illegible]二度而来，由此時一人兼二角，其盛也。

天娘娘是剧末係开和總底定可以宋元段为戏剧之開始也。元曲有月明和尚度柳翠为大戲，而今民间歌舞尚有用柳翠手者主要焉。歌舞者自不知此並為大戲者也。歷史發展無有超伏非如所設想之完全變能一者。

○婁劍篋討經新證 有蔑其實，蔑通班

被之僮僮 被通彼

土國城漕 之邦國方築城於曹也【按】城漕之為對舉，謂城且漕也，

委委佗佗 以委委佗佗之讀委佗委佗

泯不思其反 反猶也 只覺諸听反悔念之猶也註反本作板 釋詁本猶也【按】此釋正為正確。

子寧不嗣音 子寧不嗣音曰子諳 按釋文引韓詩嗣作詒 詒寄也、胡說並為聲、

鶉乃鵬之段字

日月其慆 慆通之段字 古氏篇或音或愉 說文慆作滔

五楘梁輈小戎 五午古通 楘本又作鞪 說文

鞪車軸束也 是楘鞪通用 午楘梁輈言曲

輈之上交午相束纏之而歷錄然也

陰靷鋈續小戎 鋈白銅 續通索

雁鳥於鷹即雁

宵征即出征

○崔述考信錄 商考信錄 都是用儒家

的眼光去解釋古代的歷史 至不相信後帝啟殺

殺而不相信後爲夏諸侯 又以後滅萬非以史不而.

○皇甫碑 乃雕戈勒石 騰實飛聲。樹之康衢

永表芳烈 爲葛亮之隴 鐘生禁之以樵蘇。覽[illegible]

之碑 鑿又嘆之以不朽。 這個碑是樹在道上的

是銘墳墓，好於其距銘白。

○李白文爲卧雲林是其爲地主，不能王諱何

據此指爲商人者

○荒詩正爲李白主二君，一置於家爲一表于道路，是表即碑之古遺制也。藏幽隧，臨岐，蓋在十字路也。

○周勃列傳：以厭之，師古曰：以文書之，厭音一涉反，又音烏狎反，〔按〕即厭食也

◎晉語獻公十七年　狂夫阻之衣，偏衣，衣彭之偏，注偏半也，分身之半，可証其爲一半黑一半紅，齊同一素深也。狐突嘆曰：以尨衣純，注：雜色曰尨，純純謂太子也，蓋可証此衣一半爲紅一半爲黑者也，紅象南，黑象北。

國語：其母夢神規其臀以墨

察其色也，不過墨丈尋常之間，景王二十三年

齊語：管仲制國以為二十一鄉

皮幣玩好，使民鬻之四方。

小罪讁以金分

桓公伋賂于絳

輕其幣而重其禮

衛(衍)其畜散而無育，桓公與之繫馬

三百……故天下諸侯罷馬以為幣罷不任用也幣壹以馬也縷綦以

為奉

齊桓：鹿皮四分，諸侯之使垂橐而入，稛載而歸。

……通齊國之魚鹽于東萊，使關市幾而不征……以衛

夷之地。（孔子之言微管仲……可记）朝服以济河而无怵惕焉。

从这可记管子是推动社会进步的，不能以其出奔射小白等来和一般争权夺利者相混同来看，也不能把他的仲父的地位和生活的尊贵掩盖了他的进步作用。

〇宋呂好問封東萊郡侯，壽州人。呂祖謙金華人，世稱東萊先生，則浙東學派之先生，即沿襲以後用。

〇不爲花之胚胎，許亦重以爲飛鳥不下之下，固是臆說，太炎先生均之，故爲說爲嘉遠。芣苢，闻一多先生以爲即胚胎，甚是。古时台伊同声，芣苢胚胎同音同字，僅爲同字異書罷了。糖[illegible]飴無爲一字，古作眙字，後衍爲糖字，無可訛。台启亦爲日字異體。周[illegible]季叔壺銘如作㠯故。

〇繹山碑，刻此樂石，以著經紀。韵通閃云刻此樂石，後者多不說，顏師古謂以四隱浮鼓石，不作碑也。[按]說非是，樂同石鼓之鑠，用爍，樂石即碑石也。

〇衛聚賢以工具黑陶器何圖案及花紋爲雷文，又有器何圖案花紋爲題化發之文，所從丑，神道主往在至一陶時書出那去，主事用於太墓，其字爲另一字注，至於甲子時完

○許含竹記卷三唐開元寺貞和尚塔銘書
開元貳拾陸年等大寫數字自唐已然、
○巫婆稱鼠為小媳婦，係の仙姑の子，如猬為老白。
○堅瓠丁集卷二獨異志女媧兄妹條為元始神話。
又鴻書云：占城稻米質而粒稍細，向足庵言謂占
米之名始于宋真宗祥符五年，江淮水田不登，自占城國稻
早耐旱，遣使以珍貨求其種，得萬斛，散于民田，故名占米。
今又謂之又米，未知何故。
○麥与來本為一字，麥秋夕可証。衛聚賢安人以為
麥熟而應古來，故可通，尤為無稽。
○浙江出土黑陶有文字，蓋夏之文字，亦為象
形為甲骨之先聲。

○莊子鼓盆的道理，即淮南中所說的「其所之地而已為盆盎也，與其未離于地也無以異。其已成器而破碎漫瀾而復歸其故也，與其為盆盎也亦無以異矣」之意。

○昒昕　即呼吸

○銛　前拔可見庾開府枯樹賦，可見逢孔侶

前又事接者之語係侍子

○順遜愻訓馴（訓）紃信欽都是一字之孳乳

○說哲言為一字，墨子湯誓一作湯說，可證。

（一作鳥）○龜有武音。王褒僮約：「繳復作麗黏雀張烏，結網捕魚，繳雁彈鳧，登山射鹿，入水捕龜，後園縱魚雁鶩百餘」，可證玄武即元龜也。

◎松窗雜記真真條

◎即墨即荀子之齊墨，意此地古時地又極貧瘠，故名。以經開發，蓋亦軍事必爭之地，故為大城。

○解老：常者無攸易，易即一

○西南雍壚，壚聚也。壚約：往來市聚。

○合景亂首首，是以鏡為喻，二鏡相合則首首齊出

○僮約：八尋為行，尋即尺。陌白聲。

◎「周王有事大事」陳桂以為「大事」二字衍。按上事為動詞，下大事為及物詞。商是虔循，商字不誤，偽成武既為華非是。蓋商是比自有緣，亦自有其封地，故多稱之，否則虔英亦莫非王土也。亦何必稱之，且尚作以祇，其稱商是尤宜。

◎天下篇說老子古之博大真人。真即直。直與罔對稱。論語雍也「人之生也直，罔之生也幸而免」。墨子「只若無直無諂」，直通真。故真人即真人。後人不解，道士遂有真人之稱。微子三，直道枉道對稱。

◎其類在鞹文，焉不能。按鞹之文不同，其類則一也。棘子成曰：「君子質而已矣，何以文為？」子貢曰：「惜乎！夫子之說君子也，駟不及舌。文猶質也，質猶文也。虎豹之鞹，猶犬羊之鞹。」（顏淵八）由虎豹之鞹，猶犬羊之鞹可證。虎豹之有文，與犬羊之無文非是一類，但其可為鞹則同。

○侖古書字見集韻。

○自辠，秦以其似皇字，改為罪。

漢刺攷卷三桓楹注四植謂之桓　疏案說文桓郵亭表也謂
亭郵之所而立表木謂之桓，即今之橋旁表柱也　即華表也
也。

○爵返臺中謂校書作　鯙名漢刺攷

○尸子刑罰退鈞氏不殺其先，而類其先無形類。

視居之威未知也　高祖紀以臣為無賴

○虞喜云：周髀之術以為天似覆盆，蓋以斗
極為中，中高而四邊下，日月旁行而繞之。即所謂
蓋天之學也。

書舜典疏：蔡邕天文志云：言天體者有三家，
一曰周髀，二曰宣夜，三曰渾天。周髀術數具在。

○山高與高同字淮源碑：實南嵩峻。

○抱朴子以桼大为桼太，可证泰大太木一字，而泰用以自名，亦方士之枝也。

◎汉刑志卷三史以狱成告于正，注正于周乡师之属正夫，郑玄注以为古作正夫，非是。正夫即宵饱即小正吏夫也。苟葬以正夫贱人对举，可证。

○东问徵视由条以文生蔑

○东问曰死条乃释一内一肢之死

○东问卷四员之，即云云通称云作量是

◎天下篇其道太觳，[illegible]即与常情大为抵触也。

◎鹖冠子天有二极

⊙鹖冠子称三铢，亦法意。

⊙憯遬即暂速也

⊙鹖冠子扁即徧，备城门扁即也，扁鹊即边鹊也

⊙天有色人，何希爰之也。色为包之讹。天包地载也。

⊙角人之府葬，角通解，或解之前字

⊙磨斧以为唇非，磨错，诗以错为磨

張平子西京賦「盡逸禽，下無遺走」，以走指獸也。

◎黃混也。

◎大取「獵走」即獵獸，不為己之學也。到林中見獸，即立獵取獲之，即隨時隨地都學以立旦，蓋不能

鴻烈之鳴即鶤雞子天有九鴻之鴻。

擢是徽也，禮少儀：「不角，不擢馬」。

技，漢碑木旁字多作手旁，非另有技字。

讙即今之歡騰之歡，字為和合義，于釋觀非自是。

挈通絜，漢書叙傳：「旦稱計于挈龜」，詩大雅緜「爰挈我龜」，按詩今作契，契亦絜之借字。

史記司馬相如傳：「挈三神之讙」，注：挈，缺也，挈亦絜之文。

人而多傾，丕可以作丕路，丕路為新日下中國大夫

郭抹平宗教与科学进步，必须以有恒心。

欲開闢西部，首當：修人，愛之母，乘殷之旅，活用之

累……衛灵公十，这是孔子美学从之学派。

子罕三十：「唐棣之華，偏其反而，豈不爾思，室是遠而。」子曰：「未之思也，夫何遠之有！」孔丘實是懂了詩的。張錫宗

遠，一葦可航，其曰一其行當何好耶。

老子說：「大道甚夷，而民（人）好徑」一，道与道路同意，二与孔子行不由徑同意。

◎荀子相謂別墨，是互相自謂辯於墨學之謂，即以為自得墨子之實者，豈是互稱別派之意，胡适不識其義，乃以為墨者，為別派，梁啟超且舉之為確證。

◎著是無真無諾，即若言無真無諾。」直通真。

于釋昭識之之是，即照直來說的意思。

⊙火熱，說在頓，頓通混沌混，言混熱與火為一也。

✓⊙飽者有餘，適足不害。舊釋適足恰好之意非，適乃去的意思。大飯豆飯豆適，適外國可證。去其足故曰不害。

⊙買無貴，說在仮其賈。依同販。買了再賣，它不會貴貴，一定買賤，賣貴。鬻子即賣子，釋舟子非。

⊙麗與霍（通矍）孰霍？後漢書馬融傳（微矍霍奕，别翟馬不奔，注：霍奔馳貌。二者不能相比。

⊙蚓（又）與瑟孰瑟，蚓即蚯蚓，瑟即風聲，機，那一種是蕭木（即蕭聲也）的？

二者根本不能相比。

⊙故言也者，諸口能之，出民（民）者也。民（名）若畫俿，民

氏、殷为字。由姓字与姓氏互用而混。语言是用字来表

示的，字象意符一样，这些俱是世上第一个人从出语言与文字之间俗者！

◎为鹿来同名，为不知，为是■象，和鹿来同名为兽，

所以说同名

调の足兽与生鸟与，大小也，旧以与字讹，按此即■

物'吾与也'的意思，就生命来说，の足兽与生鸟是一类，

这是大同，小异，兽の足，鸟二足。

◎与捉在之颇信，非智之任也。与有握力之人来摔跤（角

搉，较撲）不是智者所应任的，用这主要靠脑力劳动者非是。

◎编纂从者，户枢免琵，当释编纂是。音即储，言

适际从谙，户枢不蠹，琵琶与谐叶韵。汉灵儒铜尺

音注傥音夷，傥即宽，琵假为丸卷

◎为早臺属不知，即为皂臺，为奴隶的意思，自为奴隶，生命苟全，所以说属也。

◎觚尤早，尤应作尢，（音汪）见说文通也，曲胫也，说文繫传作跛。◦早通蚤，言以觚使跳蚤之足跛，是欺其速死而资使之生也。[illegible]（所数于）割鸡焉用牛刀。

◦孔子曰：君子必慎其独。墨子无有此義，咸言幽涧山林皆有鬼神监临，故不可不慎也。

◎譽言石舊不知，譽言口也，石碑也。言其生也，这口相譽言，于其死也，纪之以石，其依皆可行，故曰同也。

◎大飢[illegible]致栗，即股慄。舊不知。

◎臣本与身同字，假为矧，臣何为如，即矧何为如。舊不知。

◦萬年梓株當是附之宫室名，陳柱以為天之宰株，非是

遂祈赋降，恐尔
降意

○英吉，黄行，并古音之韵律。
○虹山东音江，红与绛并是一音之转，离骚：惟
庚寅吾以降，王逸注与伯庸为韵，降当读作红音，
即合韵，皆并古音之韵律。可见虹亦通用江、翁。
○于省吾释墨，较诸家为长，但以其未解墨子之真精
神，所以其训诂仍多谬误。惜夫！
○陈柱墨子十讲（全仰胡适鼻息，自持所谓中庸之
论。
○明鬼即有镂之金石语，陈良盛盖却说石刻在秦开始皇
开始，简直悖谬之甚！
○明鬼请品，即情品也，周礼天官膳夫：品尝食，王乃食，后
即引伸为验义，即情验，其情得验之意，旧不知。

○最早之漢碑皆作尖形，碑頭且有圓孔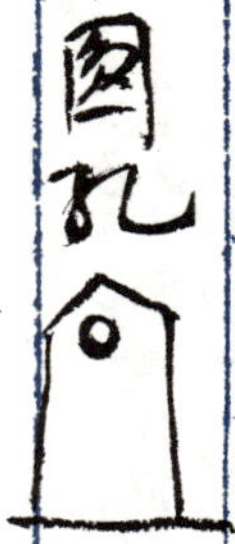就是象圭的形式。碑，說文：豎石也。儀礼聘礼云，東面北上，上當碑（鄭玄注：識日影，引陰陽也）今日立碑皆在屋之东南，双碑則一在西南也，還保存其遺意。圭即是日表，儀礼所謂碑即日表，用來識日景長短，由碑之陰陽辨南北。周髀算經發皆不解周髀二字何意，即周代時用圭表測日景的意思，景古人面南在何南登以望告朔，即古代陽，有其遺跡。土圭以測景，載在周礼。陽城以測景，漢晉皆有實測。

周髀即周碑即周表，二字之孳乳者也。古時因音皆可相假，其義或通或不通，皆無碍，不必強求之也。求之愈深，反而失之。

休屠 ↓沐屠 ↓浮屠 皆[illegible]

○姿人術聚覽編古史研究第二△下編陳良叔亞

認明墨子乃外國人，真傳考主張猶奴書生眼裏容不得一個人！

○佴次非是，漢書司馬遷傳誼作茸，茸，闒茸之謂，伺乃言次。

○游者愛佼，即游俠愛斗之意。通交 宋子明集解 趙安家

◎祝藥即今之祝由科，古者巫即醫，祝藥祛疵。

◎凡回於天地之間，即盤桓即徘徊，將休其手焉。

由此可知休即休之本字，沐為皮起字。漢書地理志休屠金人 漢武故事休屠皆如音沐

◎天志下篇：竊人之金玉蚤絫者乎？ 王念孫云蚤絫當為布縿，縿蓋縿之借字。實則蚤絫即蝨蟣絲二字之譌。陳柱釋天志中篇雷降隕甚是，雷本有降義，滾木雷石明證也。又如擂鼓打擂擂木皆向下義。

○明鬼篇，必擇六畜之勝肥倅毛以為犧牲，㩓倅即萃即純

毛之谓。又釋五穀之芳黃……黃者英可通言其精熟也。

○鄭注考靈耀云地蓋厚三萬里春分之時地正中自此地漸漸而下，至夏至之時地下遊萬五千里。地之上畔與天中。夏至之後地漸漸向上至秋分地正當天之中央，自此地漸漸而上……

○鄭注考靈耀云：天者純陽清明無形，聖人則之制璿璣玉衡，以度其象。

◎■墨子經文有「為造粉」句。今西安半坡原始共產社社發現有谷粒，和墨子之說相符。

○周秦时中國以帝星為北極星。

○铁錢嘉定真寶■(丁)語形者。古者遮截之、

○鶡冠子環流積毒成藥，工以爲醫，工即巫。

近迭曰人道先

其談兵必與司馬法有同。

成史李官

南張北極

泰鴻第十 南北有極，度之稽也。（日信出信入）月信死信生，進

退有常，數之稽也。列星不亂其行，代而不干，位之稽也。

物之稽也微微至著也緣緣至其成也端端王王。

賤生於無用，中河失船，一壺千金，貴賤無常

時使然也

用兵外不能立其功。

故聖人者後天地而生而知天地之始，先天地而亡

而出天地之終、

周公衍畢名詞書於右

墨經校釋　梁啟超

董存瑞是一部激动人心的好片，它标志着新生的力量的成长

墨线滚刷

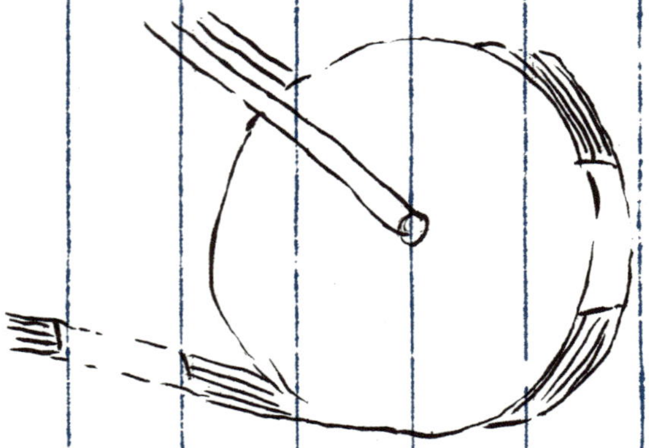

雨伞可以有弹性之化学塑胶为之

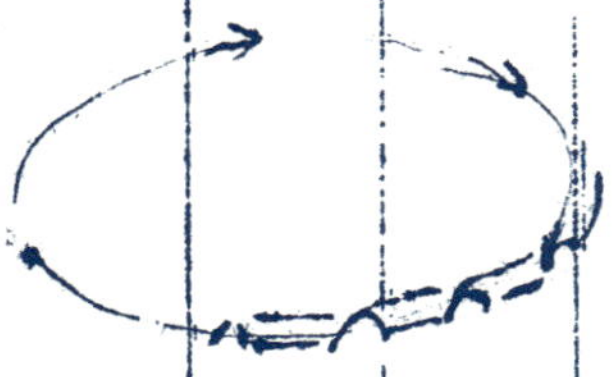